世纪波
Century Wave

效率改变中国
企业必备 增长保证

DAILY OPERATION

AN EFFICIENT SYSTEM BRINGING
YOUR COMPANY A 50% GROWTH RATE

效率改变中国系列之

日经营

推动企业50%增长的转速系统

王洋 李践/著

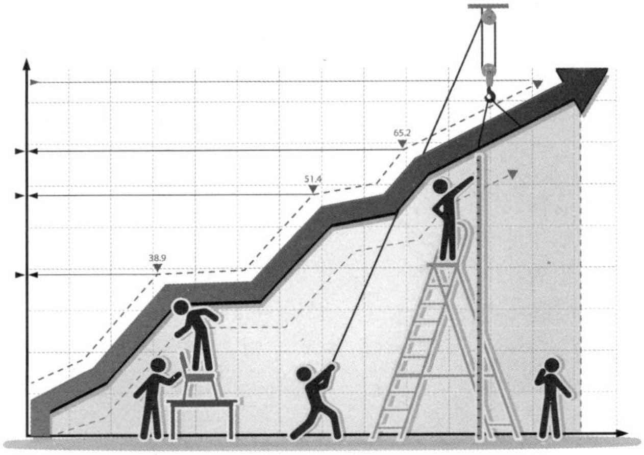

電子工業出版社
Publishing House of Electronics Industry
北京·BEIJING

内 容 简 介

企业的任何工作都是成本，早上一开门到处都用钱，员工一上班就必须给钱。企业家的最大悲哀是：每天花钱是必然，每天赚钱却是偶然。

如何让每天赚钱也成为必然？我们经过多年的企业管理实践，结合实际案例，不断提炼总结，最终得出一套适合中国成长型企业适用，经营每个员工每天赚钱行为的“日经营”管理系统！

“日经营”系统囊括了数字思维、两会一本、主营业务导入三大部分，注重以人作为一切增长的根本，以每日五项管理为具体落地方法，通过用农业心做商业事的心态，真正做到每日一转，转出利润。

相信本书中的原创观点与落地方法，能帮助企业提升效率、持续盈利，实现50%的快速增长！

图书在版编目（CIP）数据

日经营：推动企业50%增长的转速系统 / 王洋，李践著. —北京：电子工业出版社，2016.9
ISBN 978-7-121-29825-7

Ⅰ. ①日… Ⅱ. ①王… ②李… Ⅲ. ①企业管理 Ⅳ. ①F272

中国版本图书馆CIP数据核字(2016)第207472号

责任编辑：刘淑敏
印　　刷：中国电影出版社印刷厂
装　　订：三河市华成印务有限公司
出版发行：电子工业出版社
　　　　　北京市海淀区万寿路173信箱　邮编100036
开　　本：720×1000　1/16　印张：10.75　字数：110千字
版　　次：2016年9月第1版
印　　次：2016年9月第1次印刷
定　　价：39.00元

凡所购买电子工业出版社图书有缺损问题，请向购买书店调换。若书店售缺，请与本社发行部联系，联系及邮购电话：（010）88254888，88258888。
质量投诉请发邮件至zlts@phei.com.cn，盗版侵权举报请发邮件至dbqq@phei.com.cn。
本书咨询联系方式：（010）88254199，sjb@phei.com.cn。

作者序一

DAILY OPERATION

2010年至今，《效率模式》这门课正讲到第七年。

每次开课前，我都会问听课的企业家一个问题：当前的企业管理中，令你最痛苦、最困惑的问题是什么？

七年来，至少有一万名企业家提出过三万个问题，其中90%即2.7万个问题集中在五个方面：

（1）心态问题。下属心态不积极，员工缺少主人翁意识，部门之间相互扯皮、推诿责任，中层主管不愿意担当，老员工成了老油子，对外部市场业绩增长丧失信心。

（2）目标问题。目标定不下去、分解不了。目标定高了打压士气，员工认为绩效考核不合理，计划好的事情落实不下去，内部人员不知如何考核等。

（3）时间管理。老板、主管每天救火，员工觉得自己每天都在加班，主管觉得员工一直没干自己要求他干的事，时间都去哪儿了？

（4）学习问题。缺方法、缺方法、缺方法。如何创新？如何转型？如何做互联网+？如何解决市场寒冬？人才到底怎么培养？外出培训太贵，内部培养太慢，好不容易培养出来人就跑了，出方法、出干部两大瓶颈问题怎么解决？

（5）行动问题。也就是执行力问题，会上感动会下激动，最后一动也不动；心态、目标、时间、学习，到最后每项计划都无法落地；讲得心花怒放，不相信自己能够得到奖，所以不动；罚得胆战心惊，未见利先见害，那叫立竿见影（不是立竿见影增长，而是立竿见影走人）。正、负激励同时失效，还怎么推进执行？

这一万名企业家来自各行各业，餐饮、服装、地产、医疗、教育、旅游、美容、摄影、机械制造、出口贸易、垃圾发电、电解铝……他们所属的企业，跨越各个规模段，从年产值几十万元夫妻店，到年产值一百多亿元的重化工集团、农产品集团；经营年限短的不足一年，属于新创企业，长的三十多年，1984年邓小平第一次南巡时，他们已下海创业；员工人数，少的不到十人，多的如杭州锦江集团达一万多人。

虽然这一万名企业家的情况如此不同，但他们当下管理中最痛苦、最困惑的事情却高度相似。

为什么？

因为我们管理的对象都是人，人就是心、脑、脚的统合。人出问题，要不是心出问题，如状态、情感、情绪等；就是脑出问题，缺目标缺数字，每天抓不住重点，缺方法，不会创新；抑或是脚出问题，缺行动、缺执行。

我们把心、脑、脚这三部分问题展开，用管理术语来对应，就是心态管理、目标管理、时间管理、学习管理和行动管理五个方面，我们把它叫做五项管理。无论组织形态、组织规模有什么不同，最终表现出的问题，都集中到这五个方面（见图1）。

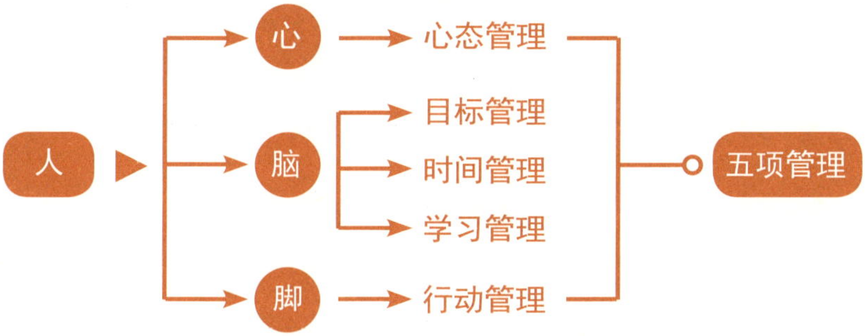

图1

现在管理者面临的现实状态是问题纷繁，他们希望的理想状态是无问题（见图2）。

图2

面对此情此景，管理者很容易得出这样的结论：要想从现实状态到达理想状态，唯一的方法就是解决问题，集中全部身心灵解决问题。

但是这种思维方式是无用的，因为企业面临的问题层出不穷，永远都有！问题是解决不完的！

一万名企业家，他们的企业，产值从一百万元到一百亿元，分布在三百六十行，人数从几十人到上万人，经营时间从几个月到几十年，上述的心态、目标、时间、学习和行动方面的管理问题都解决完了吗？没有。无论多大的企业，这些问题都始终存在。既然如此，我们为什么还要把管理的焦点放在这些问题上，一直纠缠下去呢？

不从解决问题下手，管理的焦点应该放在哪里？在这里，禅宗给了我们一个很有意思的启示。

禅宗有个有意思的说法。禅修时只要一开始静坐，就杂念纷飞。而我们都知道，静坐的良好状态是杂念极少，甚至没有杂念。此刻，我们面临的就是这样一对矛盾：现实状态是杂念纷飞，理想状态则是无杂念。

此情此景，人的第一感觉就是想从现实状态到达理想状态，唯一的途径就是去除杂念。

然而，这是在做无用功，你越和杂念纠缠，杂念会越明显，如西西弗斯推石上山，败的是禅修者，胜的是杂念。

而正确的做法是，不管杂念，只管提起正念。

何为正念？就是你所选择的、能将你提升的那个用功法门。念佛号的就是那一句“阿弥陀佛”，持咒的就是那一句咒语。修行的关键就是修行者把自己的身心灵和正念合而为一，这就是用功之处。

把禅修者换为管理者，管理的要义就很清楚了，管理者必须提起正念。

管理者不要把管理的焦点放到问题上，而必须放到正念上。管理的正念是什么？那就是增长，无论如何都要增长（见图3）。

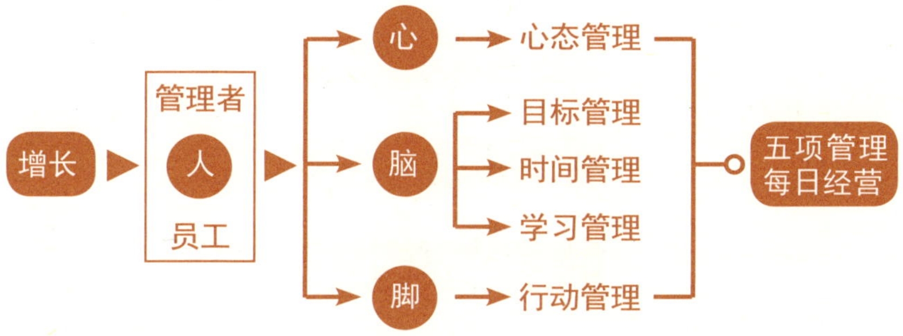

图3

尽管问题始终存在，但是我们可以实现从一百万元产值到一百亿元产值的飞跃，因此永远不要拿问题说事。管理的第一要义，就是坚定的在“只有解决问题，才能带来增长”这句话上画个叉。

由此管理一分为二，我们要么围绕问题抓管理，要么围绕增长抓管理，二者之间不可妥协，而我们必须坚定地围绕增长抓管理。

如何围绕增长抓管理？

禅宗有个有趣的公案。老禅师给徒弟出了一道题，他说：“十五日前我不问，十五日后你怎么过？”弟子们对十五日这一时间特性，给出各种手段和答案，都被师父一一否定。最终，大家请教师父，师父给了六个字——“日日佛，月月佛”。就是说，哪有什么十五日后怎么办？修行的法门就是日日提起正念、时时提起正念。

因此，围绕增长抓管理就是：把三到五年的战略目标，具体到今年的业绩目标，再把今年的业绩目标落到具体的执行指标，再把执行指标化为工作量，再把工作量转到人、转到天（见图 4）。

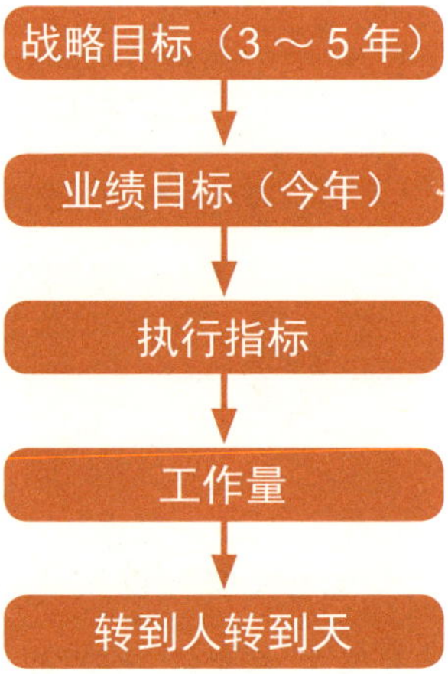

图 4

这样从每一天到每一周到每一月到每一年到三至五年，随时随地围绕增长做工作。把我们的心、脑、脚（身、心、灵）全部注入，这就是围绕增长抓管理。这种最小计量单位是日的企业经营，就是“日经营”——推动企业 50% 增长的落地系统。

作者序二

DAILY OPERATION

《日经营》一书即将付印，欣闻之余，回顾这套以“五项管理”为理论核心的经营系统，实际上经历了一个由雏形到成熟的形成历程：

这套系统的理论雏形，最早诞生于1985年我创办跆拳道协会时。从跆拳道战胜自我的精神和训练冠军团队的方法中，我们总结出了五个关键：心态（认真、快、坚守承诺）、目标（成为第一）、重点（一招制敌）、练习（百炼成钢）和行动（江湖对战），这就是五项管理的理论雏形。

1992年，我创办风驰传媒，将这套理论系统运用在经营管理中，发现企业的效率比竞争对手高了32倍。在这个时期，风驰传媒一共培养了77位总经理，产生了56位百万富翁。五项管理走向了理论的成熟，成为高效员工的必备工具，其核心内容也演变成了“积极心态、明确目标、时间管理、知行合一和求知创新”。

到我出任TOM户外集团总裁时，开始使用五项管理来复制和训练全国各地收购的17家广告公司。这一时期，五项管理的内容变成“心态管理、目标管理、时间管理、行动管理和求知创新”，逐步发展为一套可复制的训练体系。

到了2008年，我们成立了五项管理集团，围绕着企业增长，专门传播和发展这套“日经营”系统，五项管理的理论内涵也最终确立为“心态管理、目标管理、时间管理、学习管理和行动管理”。

目前，这套系统已经累计有1万多家企业学习引进，超过500万职场人士从中受益，成为中国最完善的组织推动系统！

一路走来，我们越来越清晰地认识到，以五项管理为理论核心的“日经营”系统，之所以行之有效，之所以能成为围绕增长、促进达标的落地系统，恰恰是因为其遵循了企业经营的内在规律。

我们都知道，企业经营的公式是：

10－8＝2，也就是 收入—成本＝利润

经过研究，我们发现，在成本上面，企业每天都面临着各种开支：料工机费税以及各种工资福利等。换句话说，企业每天一开门就要花钱，每天花钱成为必然！

然而，很多企业却忽略了问题的另一面：花钱是每天的，那么挣钱也是每天的吗？尤其是在市场瞬息万变、竞争日益激烈的今天，企业是否能做到又该如何做到每天挣钱呢？

“日经营”系统就是为解决这一难题而诞生的：既然花钱是每

天的必然，那么管理每天的挣钱过程也要成为必然。因此，企业必须学会日经营，员工必须学会五项管理。

作为“日经营”系统的理论核心，五项管理的背后蕴含着一套“轮子原理”：将企业的领导和员工都看成轮子，只要轮子转起来，企业就能前进。

尤其是在经济下行时期，不仅领导作为“车头轮”要转起来，每个员工作为“车厢轮”也要转起来，做到每人每天的最高价值，从而推动企业效率不断提升。这就是高铁、动车比普通火车更快速的原因——每节车厢的轮子都能独立驱动，从而确保了整个列车的高速运行。

30 年来，正是由于坚持践行这套“日经营”系统，我们的企业取得了一定的成绩。我们还运用这套系统服务了一些企业客户，同样帮助他们走出增长瓶颈，实现了利润倍增。

企业经营是百年大计！我们不能独善其身，还要兼济天下、普惠他人。为了让更多的管理者学习和掌握“日经营”系统，我们将其核心内容编著成本书，希望有更多的企业家和管理者能从中有所获益，实现基业长青！

引子

DAILY OPERATION

日经营：首富的共同秘密

在多年与成长型企业的服务与交流中，我们发现管理只有两种：围绕问题抓管理，围绕增长抓管理。

在企业的实际经营过程中，出现各种问题很正常，问题是解决不完的。

如果一家企业是问题思维，围绕问题来抓管理，只能疲于奔命；与之相反，如果一家企业围绕增长抓管理，精力用在增长上，那么收获的就是增长。

所谓围绕增长抓管理，具体来说，就是整个公司的全部岗位，都变成能数字化的岗位，每人每天都要围绕能给公司“赚钱”的事情做，创造最大劳动价值。

这种围绕增长数字来"转"，分解细化工作到每人到每天，每日一转的组织经营，我们称为"日经营"。

事实上，很多创造经营神话的首富，在管理上使用的绝招，就是"日经营"。

首富松下的经营秘密

先看日本老一代的首富、松下电器创始人——松下幸之助。

在他的生意经中，他坚持每日一结算，养成了弄不清今日的盈亏就睡不着觉的习惯。他认为经营最重要的是一种态度，因此，他像信佛的人那样，早晨醒来先祈祷，消除迷惘，稳定心绪，要求自己每天都要以坦诚的心情，顺应天意地工作。

为了把利润每天都转起来，连续几年，在每天早会上，松下先生都会和大家分享、宣导自己的理念：每天不算清楚账目不睡觉。这样每日一转的方法，被运用到财务数据、利润指标上。

新一代的日本首富优衣库的老板柳井正每天转的项目还要更多。他设计了一套内部管理表格，每天有24个项目，每个项目5分，最高120分，每天打分，每周打分，每月打分，并且都要传真到专门的负责人员手中，督促员工完成。

可见，日本首富们的秘密在于，把每日一转变成习惯。

经营之圣的日经营实践

被称为日本的经营之圣的稻盛和夫，重视每日工作的积累，他说："每一秒钟的积累成为今天的这一天，每一天的积累成为一周、一月、一年，乃至人的一生。"

他要求自己的员工，今天的目标今天一定要完成，工作的成绩和进度以今天一天为单位区分，然后切实完成。最低的限度是必须向前跨进一步，哪怕只是一厘米，也要向前推进，就这样，奔着每一天的目标去，每一天都有所创新，天天前进。

每人每天的成果导向，在京瓷的经营中无时无刻不体现出来。稻盛和夫自京瓷公司创立以来，从不建立长期的经营计划，而是用心于建立年度经营计划，并细化成每个月甚至每一天的具体目标，然后千方百计地努力达成。

用这样的每人每天最大价值化的方法，稻盛和夫创建了两家世界 500 强企业，用不到一年的时间，让申请破产的日航盈利了 1400 亿日元。这个过程中，他要求日航的管理人员必须每天掌握日航的经营情况，包括所有的数据，甚至要求每月必须召开为期三天的经营例会，所有高管必须参加，汇报各自部门的业绩。稻盛和夫会询问各种细节，细到连水电费都要问到。

恐怖午餐会与“金钱永不眠”战略

再来看看老一代的台湾首富王永庆，执行每日一转的动作就是传说中的每日午餐会。王永庆只要在公司，每天中午都要开一个午餐会，邀请集团旗下主要业务主管，一边吃便当一边汇报业务。这样坚持了几十年，每年230天开午餐会，就可以听二三百个单位汇报情况，王永庆由此对基层情况了如指掌。这顿午饭，所有下属吃得绝对不轻松，可以被称为有史以来最“恐怖”的午餐。

王永庆是出了名的“追根问底”。在午餐会上，王永庆会向下属提出很多问题。这些问题绝对不是“今天中午的红烧肉是不是有点咸了”“你还要点什么吗”之类的，而是非常严肃的经营问题。

他会将每个月的业务数字追究到无所遁形，餐桌上时常听到王永庆“嗒嗒嗒”按着桌上计算器的声音，伴随着每个主管逐渐加快的心跳。

一桌十几、二十几个人的午餐会，王永庆会对每位主管所做的简报进行质问，厘清整个业务或生产过程中问题的症结。王永庆还会就整个问题的核心关键，使用“鱼骨图”分析法，进行决策分析。

很多关于台塑的经营神话，都源自这个让所有台塑主管紧张的“午餐时间”。有笑谈说，台塑的管理者是付出了胃溃疡的代价，才把台塑塑造成一个世界级的公司。

与国家和地区比起来，我国台湾的首富更玩命了，不是每日一转，而是每日三转！

台湾富豪郭台铭把一天24小时分别转到三个地方：富士康的研发中心设在欧洲，先是转到欧洲的研发中心，研发中心下班了，轮到深圳的生产中心开始转了，生产中心下班了，又转到美国，因为富士康的市场主要是在美国，如给苹果做代工。

靠着这样每日三转，郭台铭赚钱真正做到了“金钱永不眠”，在竞争的“红海”中杀出一条血路。

“日清日高”，干掉“差不多”文化

再来看看海尔独创的“日清管理法”，就是“日事日毕，日清日高”，把每日一转做到实处。张瑞敏认为，“日清管理法”最需要解决的核心问题是“认识自己，战胜自己，日清自己”。

具体执行，就是从领导开始，全方位地对每个人、每天做的每件事情都进行清理和改进，清理每个人、每天的工作成果。

我们来看看海尔内部“日清会”的执行。

员工每人一本日清本，日清本上每天有固定内容，包括工作目标、工作实际、预实差（目标与实际的差距）、主要问题、改进内容。每天下班前，所有员工，以最小的部门为单位召开“日清会”，部门主管必须参加。每个员工根据自己的记录，汇报当天的工作内容、目标的达成情况、主要问题点和改善内容。

主管根据部门员工的整体情况，进行总结和点评，对优秀和后进的员工分别进行表扬和批评，对表现突出和落后的员工，做出正负向激励。

海尔还有一个著名的“周六会”，它是领导者“周清自己”的会议。这个会议已经坚持了十多年，它不仅是高级经理人的周清会，更是整个日清管理体系的“发动机”。

海尔的日清体系，帮助企业消灭“差不多”文化，咬住第一竞争力的目标不放松，不断缩短目标和结果之间的差距。

万达开会，无人敢睡

中国企业家王健林的企业经营思想充满智慧，“万达开会，无人敢睡”被传为美谈。除了所有高管站着开会以外，万达的重要会议都有纪要，外加一套强大的会议督办系统。

为了跟踪会议纪要中涉及的行动计划及重要工作，万达自己开发了一个任务追踪系统，目的是通过数字量化的指标来跟踪会议落实情况。会议确定的事会落实到每个人、每件事、具体时间段。

具体做法是，每次会议，员工都会看到在这个开发的系统里显示的任务要完成的日期、目前完成的进度。项目负责人对照进度，要汇报每天完成了哪些工作，还需要做哪些工作，下次开会预计进度是百分之多少，能否在预定时间完成整个项目目标等。记录员会将这些数据一一录入系统，下次开会一一核对复盘，并再次建立新的任务进度。另外，手机会在快接近任务节点时，自动提醒你加快项目讲程。

在万达，根本没有“会后，我们要狠抓落实”这样的词儿，因为万达有一套强有力的落实方法。每日一转，到人到天，这就是像王健林这样的企业家们的共同秘密，也是高效率的核心秘密。

每日一转，威力无穷

总结以上，优秀的企业家们的共同秘密在于每日一转的日经营系统，具体来说，就是强调每人每天的最大劳动价值。优秀企业，一定把日经营做到位，每天学习成长、推动行动，养成惯性、习惯，用会议经营、报表管理，做好每日一转。

你的企业是一年一转、一月一转，还是一周一转？

有人问，为什么要每天都转？这是因为每日一转，可以让企业每天都对效率反思、财务对账，账不对了就要找原因，非找出来不可，明天必须改进。每天这样的有效劳动累积起来，创造出的价值不同凡响。

中国的有些企业，目前还不明白这个道理，在追求效率的路上，一味地赶时间、赶进度，认为这是高效，而完全忽略了“转”这个动作！很多企业，一年都转不了一次，唯一转的那一次就是年终的总结会，大家喝得激情高涨，所有的问题就在万事大吉的氛围中莫名其妙地被忽略了。每年的目标，到年底都不能当真，无法根据目标进行考核，最后老板拍拍桌子、发发火，不了了之。

要想弥补只能靠来年，要看到结果还不知道什么时候。下一年吧，但可能下一年还是这样，周而复始。

所以，经过我们的观察，一个月能转一次的企业，通常就是一个合格的企业；能够一周转一次的企业，那绝对就是优秀的企业；如果能够做到每日一转的企业，那估计一定不会出这个行业的前三甲！

目录

DAILY OPERATION

DAILY 第一篇 OPERATION

日经营，增长的终极密码

DAILY OPERATION

第一章 企业经营之痛

第一节 中小微企业：赚钱按年算，花钱按天算

在企业经营过程中，常见的一个痛点就是，企业不知道应该如何设定赚钱的目标。

在服务企业的时候，我经常会问一些企业家："有没有设定每年的盈利目标？"

面对我的提问，几乎所有的企业家都会回答说："有、当然有！"

可是，在操作过程中，他们又是如何设定的呢？

我发现，实际上，多数的中小微企业都是每年年底制定下一年的目标。为了达成这个目标，他们会盲目追求速度、追求目标达成，反而忽略了执行与落地的过程。

具体来说，就是不少企业非常重视开月绩效会议，除了极少数

的企业能做到每周开绩效会议之外，几乎很少的企业能做到每日的执行、监督与改进。

然而，大量的事实证明，如果一年只花一天在想目标如何达成，一年只关注那一天的工作，会让企业整年糊里糊涂地工作，收入增长无法保证，企业规模也无法做大。

管理不是一劳永逸的管理，不是定一次目标，就可以不再需要导航了。**目标的制定要以日来开展，一定要有日会，要有日目标和日检讨。**

为什么这么说呢？

因为所有的企业都面临一对矛盾：花钱是必然的，赚钱则是偶然的。每天一开门，就有各种成本的支出，但是，赚钱却不是每天都能实现的。

想让赚钱成为必然，**企业的第一个做法就是必须围绕增长来抓管理。**

那么，我们应该怎么去做呢？

答案很简单：既然花钱是按照一年 365 天来花的，赚钱也要按照一年 365 天来赚。我们的企业家都要思考的一个核心问题是：除了制定年度目标的那一天，另外的 364 天，经营管理工作该如何开展？

实践表明，当一个企业一年只制定一次目标，而忽略每日的经营过程，迟早会自食其果。既然定了全年的增长目标，目标就要分解到每季、每月、每周及每日；在执行过程中，还需要每日的落地执行、监督检查、总结反省。

最终，通过完整的反馈机制，形成一个日经营的闭环衔接，从而确保增长目标的有效达成。

第二节

互联网+企业：模式到业务的艰难

与传统中小微企业增长难、没有利润的痛点相比，新经济时代的互联网 + 企业，也面临着巨大的挑战，尤为突出的问题是：虽然很多互联网 + 企业有了正确的商业模式，但是这种商业模式却没有办法转化为有利的核心业务，继而核心业务也没有办法转化为有利的核心财务。在变现的道路上，不少互联网 + 企业步履艰难！

互联网 + 企业从商业模式走向有利的核心业务的艰难，我们可以通过有赞微商城的案例加以体会。这个案例充分说明，商业模式虽然是对的，也难以转化为核心业务和财务增长。

有赞微商城的创始人白鸦，曾经这样分享过她的创业经历。

有赞是我的第三次创业经历。第一次创业是跟我的大学学生会主席合作，当时想做一个个人空间，让每个个人空间可以连起来，那会儿不知道这就是Facebook的概念。当时做了三个月后资金链断了，我们几个人一共就筹了几十万元现金，也没有融资渠道。那个时候我们犯了很严重的几个错误：第一，资金链断了之后，我们俩的意见就产生分歧了。我在郑州有很好的人脉、很好的关系，有一个方向是我们在郑州去做河南省的制造业信息化的示范工程，至少可以把公司养活；另一个是我们想办法去借钱、去融资，继续去走这样一条SNS的路线。我想去做SNS，他想去做制造业信息化，后来我们这个项目就黄了。当时给我最直接的感受是，我们竟然用了各50%的股份在做合伙人的事情。以后创业，要么我说了算，要么另一个人说了算，绝不能大家你好、我好，这是一个蠢到极点的错误。第二，公司遇见问题的时候，走哪条路也许都是对的，问题是大家在吵架，不选就死了。

白鸦的第一次创业为什么会失败？我们不难发现，白鸦失败的原因看来是两个决策人没法决策，是对下一步的核心价值发生了分歧。事后证明，无论按照哪个路径都可以走下去，因为对项目核心价值定位不清晰，所以才会终止。要改变经营的模式，就是要重塑核心价值。

然而，白鸦真正遇到的挑战还在后面。

第二次创业，我们三个人合伙，做了十个月。在那十个月里我们非常清楚未来三年这个领域会怎么发展，我们会面对什么样的格局。但是我们不知道这三个月该干什么，因为每个人都高瞻远瞩，每个人都是在大公司出来很有战略观的人，但是我们真的做下去之后，发现很多事情根本就执行不下去。

我们团队组建成功之后，有人很快给了我们 900 万美元，追着我们要投资。我们三个人自己凑了 1000 万元人民币，觉得团队刚组建你就给我这么高的估值，我们要把业务做起来是不是估值更高？我们看不上那点钱，觉得融资太简单了，于是我们没要那笔钱。结果等业务做起来之后就傻了。因为等你业务做起来之后，别人不看团队了，看你的业务，原来你们业务做成这样？估值一路下去，融资也出现很多问题，整整十个月我们做得特别辛苦。那个项目现在已经开始赚钱了，但与我已经没有太大关系了，只留下一个最大的股东在支撑这个项目。还有一个特别大的感受是在那十个月里我特别焦虑，每天都在想，万一这事搞砸了，几十个跟我混的人，尤其是十几个被我从阿里巴巴挖出来的人，他们可怎么办？跟我特别好的几个人，有一天晚上把我拉到一个咖啡馆谈心，把我使劲批斗了一顿，说你以为我们就蠢到公司做不下去我们就活不下去了吗？如果我们那么惨，你还会把我们挖出来吗？但说实话，我自己那个心态还是改不了，这就是第二次创业。

在有了体现核心价值的商业模式、组建了团队之后，这段创业为什么又会失败？原因就在于他们没有能力把项目的核心价值转变成核心业务，所以第二次创业也失败了。

第三次创业是现在这个项目，在微电商这个领域我们站在了风口上，但是有几个事情越想越值得分享。第一个就是这一次创业的时候，我做到了第一我绝对说了算，第二初始团队的人都不是那么强，因为我发现三个人都特别强反倒有问题。我跟我们的团队说，我之前创业是两个大猫一个小二在打斗地主，这牌真没法打。但是我们这次项目一个大猫，剩下都是3、4、5、6、7，这种牌太好打了，想怎么打都行。基本上这个项目前两年就是我一个人说了算，大家不会有任何想法，更多的是问我具体的想法是什么，坚定地把它执行下去。

我们前两年基本只有两条价值观，第一就是让白鸦说该怎么搞，第二就是坚决执行下去。到一年半的时候开始遇见问题，就是我特别累，我是公司最大的瓶颈。于是我们开始分权，不惜代价找更多更牛的人，把私人的股份让给他们，把更多的期权分给他们，给他们更多的空间。这一路走下来，团队在不断优化。所以我觉得，刚开始第一年独裁非常重要，越往后很多事情需要更多人来做，不然会出现瓶颈。

第二个值得分享的是，有赞这个项目从第一天我们就很清楚未来三年、五年的目标是什么，但是我们并不能把这个目标描绘得很清楚。从有赞的第一天到现在，我几乎从没把计划长度做得超过半年。我们在前面这一年不知道未来三个月做什么，但是我们知道这三个月在做什么。像流水一样，水往下流，越流可能越顺畅，越走我们越知道自己往哪儿走。从我们有前面 20 个客户开始，我们的每个选择都是客户推着我们走。如果我们要把所有客户提供的需求做完，会排到未来 12 个月，排得满满当当的，我们就不停地每个月都在选什么东西该做，什么东西不该做。一路走下来就比较爽，做得很舒服。还有一个很舒服的是，这次创业从第一天就开始融资。我永远都准备足了超过十个月的现金，保证我可以活着。另外，我们团队成员拿到的薪水高于阿里巴巴 15%，我要保证大家在这里虽然很忙、很累，但薪资上不亏待大家。我们还去了解大家有没有成长、开不开心。万一有一天我把它玩大了，也没什么大不了的，因为现在也没有亏欠他，将来也不会亏欠他，大家可以很放松地往前走。

白鸦第三次创业的成功，有一个很重要的经验，就是一方面有赞这个项目从第一天就很清楚未来三年、五年的目标是什么，核心价值非常清楚；另一方面他们也知道，比清楚未来三年、五年的目标是什么更重要的是，知道未来三个月做什么。

因此，在企业经营过程中，更为重要的其实是把商业模式的核心价值转变成每天实实在在的工作，或者最好能转变成每天“10–8=2”的财务数字。

而在现实中，像白鸦这样懂得这个道理的互联网＋企业太少了。许多企业可以有很好的商业模式，最擅长的就是虚构大的市场数字，动不动就是上万亿元的市场规模。然而，一旦要将商业模式转变成核心业务，它们就束手无策了，更别提进一步转变为一目了然的核心财务数字。

而这一切的根源，恰恰就在于这些互联网＋企业忘记了企业增长的终极密码——日经营！

日经营助推企业增长

日经营，从概念上强调的就是企业每天的深度经营与管理。这是一种与粗犷式经营方式极为不同的经营理念，是到人、到天的经营方式。

具体来说，就是在企业中，每人、每天、每个细节都要紧紧抓住不放，紧紧“做实”。所有真正的好企业，都在强调每日经营的细节，要求每人、每天、第一次就把工作做到位。

在日本的不少企业里，会把员工每天要做的事情，大大小小都做成规范的图表。甚至同一件事情，有时候要做好几张不同的图表。在工作中，员工都会严格按照图表的工作流程执行。员工每完成一项，就会勾掉一项，直到完成整个工作为止，并且一直坚持下去。

世界零售巨头沃尔玛有一个著名的商业原则，就是“日落原则”，要求沃尔玛的所有员工“当日事，当日毕”，要在日落以前结束当天应该干的事情，做到日事日清，绝不拖延。这一原则同样适用于检查工作，如果当日发现问题，暴露出来的问题就不应该拖延到第二天解决。

因此，我们可以将“日经营”定义为：每日一转，将增长目标转到人、转到天。随着讨论的深入，我们会发现，**日经营其实还意味着每人每天创造最大价值。**只有这样的日经营，才能真正成为推动企业 50% 增长的落地系统！

DAILY OPERATION

第二章

日经营——组织变革的精髓

我们之所以将“日经营”看作企业增长的终极密码，不仅在于它可以帮助广大中小微企业走出增长困惑、助力互联网＋企业实现从商业模式到核心业务与财务的转变，更在于它是组织变革的精髓。几乎可以说，世界上顶尖的企业，都会以“日经营”的方式，不惜代价去做变革。

第一节
阿米巴的“全员实动”

在组织变革方面，强调“全员实动”的阿米巴组织模式，是日经营的最佳体现。

所谓“全员实动”，就是每人每天都动在实处，每人每天创造最大价值。

关于全员实动，我们可以通过稻盛和夫经营“日航”的案例加以理解。

2010年2月1日，稻盛和夫接盘申请破产保护的日航公司，截至2011年3月，日航盈利创造了全球航空公司第一的纪录。2011年，日航的净利润达到1840亿日元；2012年9月，只花了不到三年时间，稻盛就让日航重回东京证券交易所。那么，稻盛和夫是如何做到的呢？

刚就任日航董事长时，稻盛和夫就询问日航的干部们："现在的经营业绩是什么状况？"谁都拿不出具体的经营数据，之后好不容易提交出来的经营业绩报告也是几个月前的数字，且账目笼统含糊。到底谁对哪项收益负责，缺乏明确的责任制。

于是，稻盛和夫决定把自己独创的"阿米巴经营"导入日航。凭借"阿米巴经营"中独立的管理会计系统，日航构筑了可以及时掌握各部门及各航线、各航班收支盈亏情况的体系。所有航线、每个航班的收支盈亏情况第二天就可以知道，现场的员工可以根据实际情况随机应变，例如增添临时航班之类的决定，现场的员工就可以自行做出。

稻盛把财务报表上的数字比喻为飞机驾驶舱仪表盘上的数字，这些数字起到重要的导向作用，能指引经营者正确无误地到达预定的目的地。公司如果不知权责属谁，不清楚每条航线、每个航班具体的损益情况，当然就无法做出准确的经营判断，且很多人持官僚心态，各部门各自为政，听任许多航线长期亏损。

航空事业的收入源头来自各条航线、各个航班，按航线划分阿米巴，任命经营责任人，以他为中心，阿米巴全体人员一边分析数据，一边动脑筋、想办法，为提升各条线路的经济效益献计献策，尽心尽力。

不但航线航班，在飞机维修和机场的各个部门，也尽可能地把组织划分为一个个小集体，以便对它们的费用实施精细化管理。有关费用明细，小组人员都要掌握，大家积极出点子，为消除浪费、提高效率而努力，全员都投入经营改善的活动中去。

对于这一点，山口的体会相当深刻。事实上，在稻盛和夫执掌日航之后，山口本人的工作，最大的变化就是数字比以前看得更多了。虽然以前作为日航大阪支店长，他也看业绩数据，但看得并不很细。

而且，他更注重的是销售情况。至于成本，最多只是有个大概了解，其他则很少关心，整个航线的花费就更不知道了。

“现在会检查每周和每月的数字报表，把每个部门的人头都计算在内。”“不光看我们自己部门的，周边的空乘运行本部、维修运行本部等其他部门的业绩也要看，每个月都有业绩报告会。”山口说。对于曾经普遍认为“别人的业绩和我没什么关系”的日航各级主管来说，这样的变化称得上是颠覆性的。

看上去温文尔雅的稻盛，在执行上却雷厉风行。每次月度业绩报告会，都有领导们坐在那里连续发问：你为什么业绩不好？为什么成本高？你怎么想办法去解决？

这常常让山口这样的主管感到头疼。但是，在这种压力中，山口发现自己比以前更多地想去关心其他部门的业绩了，每个月的报告会，成了一个聚会，大家凑在一起互相商量，各个部门都努力减少自己的成本，达到自己的目标。

身处一个大公司，对于小问题的忽视几乎是常态。很多人都会这样想：有点问题就有点问题呗，只要整体上是赚钱的就行了。但是，正是因为有这种想法的人多了，小毛病就会变成大问题。千里之堤溃于蚁穴。稻盛在做的，就是连蚁穴都不放过。

航空服务最重要的指标之一是准点率，许多航空公司以保证安全为借口，推迟起飞和降落时间是家常便饭。日航则不然。据说为了把起飞前的各项准备工作做得又快又好，他们以分甚至秒作为计算单位。日航的准点率已做到了全世界第一，即便有时被迫不得不推迟起飞，也会不惜代价增加燃油加速飞行，以期准时降落，不耽误乘客的行程。

有一次突降大雨，旅客托运的行李在搬运过程中淋湿了。在行李转盘的出口处，两位日航的年轻女员工，拼命用干毛巾一件一件擦净水渍。这样的情景在航空业堪称“史无前例”。

稻盛说自己是从《西游记》里孙悟空的故事得到启发，想出阿米巴经营模式的。孙悟空在被敌人围困的时候，拔起一撮毫毛一吹，变出许多小孙悟空。他最初的想法，就是像孙悟空那样在企业内部培养出一些和他有一样经营理念的小经营者，“把公司按照工序、产品类别划分成若干个小规模的组织，将它们视为一个个中小企业，放权给这些小经营者，采取独立核算的方式加以运作”。这些小集体并非一成不变，而是各自根据环境的变化进行自我繁殖，因此取名“阿米巴经营模式”。

从稻盛和夫经营日航的案例，我们看到，所谓的阿米巴组织模式，其实就是把公司分成多个自主经营的单元（阿米巴）。进行这样的划分，其目的就是让每个经营单元成为独立核算、自负盈亏的自主经营体。

而如此划分的核心逻辑就是用最少的时间、最小的考核单位来做到价值最大化。通俗来说，就是让全员动起来，抓住每人每天的最大价值。正是因为这种开创性的作用，稻盛和夫被誉为日本的经营之圣！

第二节
海尔：从“日清日高”到“人单合一”

如果说稻盛和夫“阿米巴组织”是日经营在日本企业的组织变革实践，那么海尔的“日清日高”、“人单合一”则是这种组织变革的中国化。

在给企业做辅导的过程中，有企业家问到，组织机构越来越多，组织机制越来越僵化，越来越多的人搭便车，越来越多的人占着位置不作为，越来越多的人不创造价值，怎么解决这个问题？

实际上，这恰恰说明，这样的企业在组织上缺乏日经营系统的导入与激活。我们以海尔为例，来看看日经营，尤其是每人每天最高价值在海尔组织变革上的重要意义。

20年前，海尔通过“日清日高”体系，在组织架构上

对阿米巴进行了中国化改造。如今，“日清日高”逐渐淡出人们的视野，“人单合一”成为阿米巴在海尔组织变革中的核心。

在海尔，人和单都是最小的考核单位。通过小微自组织和平台化变革，打破传统组织的金字塔结构，构建起一个价值生态圈。

2010年，海尔正式推出“自主经营体”的组织模式，研发、营销、制造等环节都由一个自主经营体实施。

这些自主经营体拥有财权、用人权等，承接发现用户和创造用户的功能。因此，在更大范围的意义上，这些自主经营体是能够“自主协同”的自组织。

恰恰是这种组织结构，为海尔的“人单合一”提供了基础。

“人单合一”，全称“人单合一双赢模式”。“人”，就是员工；“单”，就是市场目标，并且不是狭义的订单，而是广义的用户需求。所谓的“人单合一”，也就是让员工与用户融为一体。

“人单合一”的本质是：我的用户我创造，我的增值我分享。也就是说，员工有权根据市场的变化自主决策，有权根据为用户创造的价值自己决定收入。决策权、分配权、用人权全部下放给小微企业，让小微真正成为独立的企业。员工在小微企业里面变成股东，把原来有边界的正三角组织变成一个生态圈。

通过这种模式，海尔在最小的组织中，可以做到共治、共创、共享，发挥出每人每天的最大价值。

观察海尔近些年的组织变革，都是基于某种关于人的哲学。在海尔人看来，人是目的，而不是工具，人自身的存在与发展，就是人的最高目的。

实际上，这种哲学，其实质是在探索如何重新定义人在组织中的角色和意义、人和组织的新型关系。换句话说，就是探索如何**在真正尊重人性、承认个体独立价值的基础上，激活员工的价值创造潜能**，实现“人人都可以是 CEO”，从而做好每人每天最大价值的日经营。

第三节

华为"眼镜蛇"的转速

在华为，最小的考核单位是项目，每个员工的有效劳动都是围绕某个项目展开的，它同样也做到了日经营的快速联动。

华为的项目经营和日航的"阿米巴经营"、海尔的"人单合一"在本质上有相似之处，就是要激发一线活力。一旦有运营的苗头，就迅速调转方向，调整所有的资源，提高运营效率。

这种项目经营所对应的组织形式，就是华为的"眼镜蛇"体系。

所谓的"眼镜蛇"体系，就是以项目为中心，在公司建立一个组织级的项目管理体系。

具体来说，蛇头不断随需求摆动，一旦发现觅食或进攻对象，整个身体的行动十分敏捷，可以前后左右甚至垂直窜起发起攻击；而发达的骨骼系统则环环相扣，转动灵活，确保在发起进攻时能为头部提供强大的支撑。

“眼镜蛇”的头部就像业务前端的项目经营，而其灵活运转、为捕捉机会提供支撑的骨骼系统，则正如管理支撑体系，这就是公司管理体系的基本架构。

华为的目标，是通过三到五年的努力，管理体系逐步过渡到以项目为主、功能为辅的强矩阵结构，而不是完全项目化的运作。

实际上，这种以项目为核心的组织体系，就是要充分调动项目组成员的积极性，激发一线员工的活力，从而提升运营效率和盈利能力，实现每人每天的最大价值。

第四节
韩都衣舍：“同心圆”的奥秘

从传统的金字塔到海尔的倒金字塔，到同心圆，组织形式在不停变革。韩都衣舍的产品小组制，就是同心圆结构的组织变革实践。

“产品小组制”首先就是将结构尽量化小，时间也尽量化短。最小单位是化到三人的小组，也允许一人小组存在，用互联网每日快速迭代的方式推动企业发展。

这种最新的组织运营模型，实际上后面都有一个东西，那就是日经营，到人到天。

目前，韩都衣舍是淘宝网连续4年服装品牌销量第一的商家。

在创业初期，针对搭建什么样的组织模式，韩都衣舍曾经历了艰难的选择。一种模式是传统的组织架构，企业有产品设计、研发、采购、生产制造、销售等部门。另一种模式是让每个品牌、每个款式都划分为一个小组，每个小组由三人组成。

一开始，公司决定，两种模式都试行三个月。于是，办公区被分成南、北两大区域。在运行的三个月中，发生了有趣的现象：每天晚上下班，南区的员工基本到点就走光了，而北区则灯火通明，很多时候甚至是被物业赶着离开办公区下班的。

这种“包产到户”的激励模式，让北区的员工全心投入。三个月过后，北区业绩超过了南区。

怎么会出现这种情况呢？

原因很简单，北区采取的方式是每天都排名，270 个产品小组，每个小组每天进行排名，前十名奖励，后十名淘汰。

韩都衣舍的迅速发展，其核心竞争优势，恰恰得益于基于产品小组制的单品全程运营体系，这套体系运行在最小的业务单元上。组织变小了，三个人可以组成一个小组，甚至允许一个人小组的存在。截至 2015 年 4 月，韩都衣舍有 270 个产品小组，它们是公司的发动机。

传统企业的管理结构是从上到下，从老板到高管到中层再到最基层的员工，这种是正三角形。韩都衣舍则尝试用一种倒三角形的模式去管理，核心是三人产品小组。三个人进行产品的研发、销售，其他的公务部门为他们提供支持。所有的小组，放在最上面，所有底下的公共部门为他们提供支持。

实际上，在“产品小组制”形成之前，“买手小组”是最初的实践。这些买手小组可以自己决定生产件数、颜色、尺码。一旦盈利，公司和买手分成。

几个月后，这种分成制度的优势开始显现了，买手积极性上来了，他们不仅可以找到韩国最新的时尚款式，还能找代工厂生产，从而降低成本，把控质量。

这样一来，每个小组都是一个竞争因子，也几乎就是一个小公司。这种把公司做小的理念稻盛和夫和张瑞敏都在尝试，而韩都衣舍的小组制，暗合了互联网的分布式协作特征，也是蜂式思维的体现。正是依托互联网的基因，韩都衣舍轻装上阵，走得更远。

讲到这里，有人会好奇：这种看似松散的“产品小组制”该如何管理呢？

这里的关键，依然是以人性为基础，学会用人性来管理。

韩都衣舍的创始人赵迎光曾经说，自己是学新闻出身的，不懂互联网。不仅如此，韩都衣舍的所有高管之中，没有一个是学互联网的。但是，赵迎光却说，他们这些人会每天研究组织的关键点，研究人性，一切就是围绕270个产品小组研究如何发力的。然后每天排名，前十名奖励，同时研究让排名最前的小组如何聚合起来，师傅如何带出徒弟等。

韩都衣舍通过研究人性，提高了团队的战斗力：

第一，开展组织文化教育，让企业愿景、使命、价值观深入人心。

第二，设立有挑战性的目标，激励年轻员工。

第三，建立有竞争关系的团队，激发员工争强好胜的斗志。

第四，有效沟通，奖罚分明。

比如，韩都衣舍成立以来，根本没有设计淘汰机制，利用的就是小组的自动化更新、人性中的好胜心。每天早上十点钟会公布昨天的销售排名，每天的排名都是对小组的强烈刺激：第一名很兴奋，同时也要拼命维持第一的排名；第二名想，我只要一努力就可能超越第一名，也很兴奋，一天到晚琢磨怎么超越；倒数第一想，努力一点超过一名是一名，不能老垫底。

依靠这种对人性的理解，韩都衣舍的产品小组制真正实现了激发员工内动力，每人每天创造最高价值。

20世纪六七十年代，稻盛和夫用阿米巴挽救了京瓷和日航。所以，小组制是一项博大精深的管理哲学。你不能把小组制简单地看作企业为了内部激励而采取的组织变革，它既是市场需求由大众化到小众化的改变，也是竞争从多元化到跨界元之后的管理应对。

毫无疑问，这不是个别现象，而是整个企业界组织变革的序曲。而日经营，就是这场变革的关键核心！

DAILY OPERATION 第二篇

日经营三步曲

DAILY OPERATION

第三章

数字思维

第一节

十年美发，为何越做越小

武总是上海一家美发连锁机构的老板，一次在课堂上，我们就明年的目标进行了交流。

武:“王洋老师，我今年的目标是店铺保有量达到十家。”

王：“店铺保有量？啥意思？你去年有多少家店？”

武：“我去年有十五家店。”

王：“你的意思是今年你的目标是关五家店？”

武：“对了。”

王：“你剩下的十家店盈利情况怎么样？”

武：“王洋老师，我和你说实话，我这十家店真赚钱的就是我自己管的旗舰店，其他九家店1/3微利，1/3保本，1/3微亏。要想关我今年其实还能关，但一年关五家店已经够夸张了，再关三家我的生意就没了，所以我的目标是店铺保有量十家。”

武总从小工干起有20年的美发经验，自己做老板也有十年，从一家小店奋斗到十几家小型美发连锁机构，怎么十年后生意会越做越小呢？武总自己分析的原因是：这两年成本上涨太快，店租、人员工资翻倍往上涨，而消费者的腰包却没有变鼓，因此价格涨不上去，原来是10–8=2，现在是15–17=-2，所以生意就越来越小了。

武总说得有道理，但我认为这不是根本原因，这几年各行各业生意都难做，但你看哪个行业工商注册停止了？以上海为例，各种美发店，还是如雨后春笋般不断涌现，上海的城市建设像摊大饼一样，一圈圈往外摊，各种美发店也不断出现在各个新建小区的周边，这些新开的店，难道都死了吗？没有，我看我家小区附近一个个都活下去了。换句话说，他们没有亏啊，那武老板你十几个店在耗材上多少有些规模采购的成本优势，在品牌上因为集中在一个区，所以总还小有名气，店长都是从最优秀的员工中提拔出来的，怎么那些新开店的小老板都能赚钱，而你的店15家中有8家亏钱？关键原因是武老板在企业管理中始终没有建立数字思维，因此他的赢利模式无法复制。规模扩张到十家以上，就会经常开开关关。

第二节
你的计量单位是什么

开一家店,开十家店,开一百家店,在运营上有什么本质不同吗?

开一家店，可以用人盯人的方法管理，也就是老板只要勤奋，天天在店里盯着问题就不大。十家店呢，老板就不能盯店员了，只能盯店长，一个人盯十个店长已经到达人盯人的极限了，因为一个人的管理幅度是七至十二，也就是说盯得少的能盯七个，盯得多的能盯十二个人或事。而店又分两种，一种是卖产品的，如服装店；另一种是卖手艺的，如美发店。服装店因为顾客主要是冲产品来的，对店员的要求相对低些，所以人盯人这种方式复制的幅度还能大些，复制十家店没有问题。卖手艺的因为产品交付是由店员直接实现的，店员既是生产者又是销售者，所以管理加倍复杂，五家以上就可能复制不下去了。那么那些大型连锁机构是怎么开到 100 家，甚至 1000 家店的呢？关键是他们必须找到整个机构统一的计量单位。

秦始皇为了管理好庞大的国家，做的核心工作就是统一计量单位。统一文字、统一度量衡、统一货币，缩小考核对象，不是以诸侯国作为考核对象，而是设立郡县，由总部派干部直管，直接把整个帝国的考核对象缩小到县级，这一制度持续了两千多年。这就是在生产力相对落后的情况下，把组织效率发挥到一流的高效方法，当然秦始皇在推行过程中操之过急，目中无人，有制度没人性带来了各种弊端，这是我们要避免的。

那么如何做到制度与人性的统一？我们在第三篇中会集中谈。企业管理的高效计量单位是什么呢？就是：

$$\frac{\text{最大价值}}{\text{最小考核对象} \times \text{最短时间}}$$

什么是考核对象？考核对象可以是整个公司，可以是一个部门，也可以是部门的一个小组，而最小考核对象就是每个人。什么是最短时间？我们可以用年测量，可以用月测量，也可以用周测量，而最短且又有考核意义的时间，就是天。我们把最大价值 /（最小考核对象 × 最短时间）通俗地称为每人每天最大价值，我们在管理中不断地用每人每天最大价值来度量，这就是大集团运营的本事。也就是我们第一篇所说的日经营。

理解了最大价值 /（最小考核对象 × 最短时间），也就理解了稻盛和夫的阿米巴经营。

"阿米巴经营"基于牢固的经营哲学和精细的部门独立核算管理，将企业划分为"小集体"，像自由自在地重复进行细胞分裂的"阿米巴"——以各个"阿米巴"为核心，自行制订计划，独立核算，持续自主成长，让每位员工成为主角，"全员参与经营"，打造激情四射的集体，依靠全体智慧和努力完成企业经营目标。

——引自百度百科阿米巴词条

理解了日经营和阿米巴也就理解了互联网+企业的经营三原则：化小，扩大，不作恶。

（1）化小，也就是找出小集体，找出自己企业的最大价值/（最小考核对象×最短时间）。

（2）扩大，我把它叫作复制，基于共同的计量单位，各个小集体自主经营，快速复制。

（3）不作恶，要有一套共同的理念和经营哲学来作指导，把整个组织统合起来。

没有经过统合的细胞就是癌细胞，复制得越多，死得越快。明白了以上的道理，也就明白了武老板的美发机构一家店时开得很好，十家店后总是开开关关的原因了。因为一家店时，一切事情都在老板视线范围之内，老板用人盯人的方法，人事必躬亲地运营店面，天然达到每人每天最大价值这种经营结果。扩大到十家店，人财物已经超出了老板的视线范围，他也无法事必躬亲，而又没有建立统一的日经营计量单位，员工不会做老板要求的事，只会做老板检查的事，尤其反复做老板又检查又奖惩的事，店长们也是如此。一个店时老板是天然的日经营，每天做多少流水保本，做多少流水盈利，老板胸中有数，店铺一多，日经营的感觉就消失了，可能借着周绩效会议，每周把 10–8=2 这个等式算一遍，也就是由日经营放松到了周经营。店铺再多时，连周的感觉也失去了，只能借着每月发工资的机会开一次月绩效会议，也就是经营的转速掉到了月经营。更夸张的是，有的一年才认认真真地把 10–8=2 算一次总账。

平时肉烂在锅里，一年只转一次，到了年底一盘账发现，自己原以为是赚的，但把库存折旧等认真做进账里，其实是赔的。老板是如此，店长们呢？公司的转数就是干部们的转数，公司既然一年一转，或一月一转，干部何苦要主动日经营呢？所以开了十家店后的武老板，他的店长们都是按月经营管理自己的店面，每月初算一次 10–8=2，里面的水分实在是太多了。你的店是一月一转，而边上的新创业小老板的店是一月 30 转，你怎么跟他比？所以你的优秀店长经常做不过新创业的小老板。

以上我说的是用美发店来举例，而以日经营为考核单位这一原则是贯穿所有企业的，所有企业都有如何突破复制瓶颈这个问题。

为什么企业小的时候利润率高？原因非常简单，那就是老板能够看得见企业的每个角落，了解每个细节，总在不自觉地进行着精细管理的日经营：每个订单老板都会亲自审核，所以不赚钱的单子不会被接受；每个员工做的事情都几乎是超负荷的，因为老板给每个人都亲自布置大量的工作。如果有人过分清闲，老板会给他更多事情或者要他离开。每次采购老板都亲自过目，所以不会有大量的无效库存。

总而言之，企业小的时候老板关注经营，从收入到支出的每个细节，天天都在算账，时时刻刻知道公司是否赚钱。这个时候，企业的管理效率是高的，销售利润率自然也是高的。

企业大了之后，这一切都改变了。一般来说，每当企业规模增加 20%，企业要管理的事情就会增加 1 倍；企业规模增加 1 倍，要管理的事情就会增加 5 倍！老板要么自己比原来辛苦 1 ～ 5 倍（这几乎是不可能的事情），要么把以前自己亲力亲为的事情授权给别人做。

这个时候，企业各种新问题就出现了：如果老板管细了，下面的人就不敢也不能自己做主，会事事请示老板，老板虽然忙得团团转，还是管不住，因为细节太多，管了这个丢了那个；如果老板管粗了，企业就只追求最容易做成的事，如追求规模，所以很多企业规模做上去了，效益却大幅下降了，原因就是没有人管效益，没有人能管得住效益。

此时，我们面临的选择不外乎两个：要么不让企业变大到自己无法控制，要么学会管理。大部分老板会选择后者，因为大家都想做更大的企业，不想重复会做的事。但如果选择后者，管理就必须转型。如何转型？亲自干，做不大；人盯人，能做大但效率低，一有风吹草动就亏钱；有效的办法就是日经营，整个公司、各个部门统一计量单位，用每人每天最大价值统合全部人员的运营思想和行为。具体做法如下：

（1）细分业务和管理的单元，确定每个单元的经营管理者，把责任落实到具体的经营管理者身上。

（2）清楚地给出每个单元的经营目标，尤其是短期目标、每个月的目标、每天的目标。稻盛和夫提出销售最大化，费用最小花，每个单元不少于10%的销售利润率是非常有用的目标实例。

（3）把管理(管＋理)细化到每个业务和管理单元的每一天，从上到下，从下到上做到目标管理的日清。管住了一天，就能管住一周；管住一周，就能管住一月；管住一月，就能管住一年！

因为每个企业小的时候都在做精细化管理，都能做到精细化管理。企业大了之后，企业必须做管理上的日经营管理转型。只有如此，在企业经营中的复制瓶颈，才有可能被突破！

第三节

中小微企业的三级台阶

中小微企业在发展过程中有三个台阶：

卖货驱动—管理驱动—文化驱动

其中最关键的是如何迈上第二台阶，从卖货驱动迈向管理驱动。

一家广东服装加工企业，十几位高管来听我的课，但老板本人没来，三天课听完后，他们与我一起做了一次小型研讨，其中一位总监笑着对我说："王洋老师，我已下定决心回去给老板一个建议，那就是让他千万不要来听你的课。"我也笑了，说："你真信任我，这种话你都跟我说，能告诉我原因吗？"他说："王洋老师，因为你这套高增长逻辑，我的老板一定会百分百接受。他现在还没有来听课，

平时在企业就已经是不断地下高指标了，员工私下都抱怨说，这么高的指标，老板真是疯了。我怕他听完你的课会完全疯掉。”当然其实这几位高管回去后，还是在老板面前美言了我几句，下次课他的老板辛总又带了三十位主管来听课，在开课前，我们又单独交流了一次。我开门见山就说：“辛总，听说你平时就在企业里一贯地下高指标，吓得大家都有点受不了了。”辛总：“王洋老师，不是我下得高，是十多年下来我发现不论我下多少指标，他们都说高，我下百分之五十的增长，他们当然说高，百分之四十，他们一样怨声载道，三十还说不可能，二十一样觉得难度大。后来我就想，反正下多少你们都说高，都要反复博弈才能定得下来，那我就索性往高里下。”

我说：“那你觉得主管们的心理底线是多少？”

辛总说：“他们啊，他们的想法就是最好别定。用他们的原话说，‘老板’大家干活凭良心，你要发现我干活时有偷奸耍滑不讲良心的事，就地把我开了，我也无怨无悔，但能不能别凡事都下目标。‘老师’别说年目标、月目标、周目标，就是一次三天的订货会，我都得硬压才能把目标压下去。”

看来缺数字思维真是人的天性，凡事还没做，就要背上一个数字，哪怕做了多年的管理工作，也想方设法逃避背数字。

辛总接着说："而且我最愁的还不是我的主管们不背数字，他们毕竟是我的下属，怎么样我也得让他们背，我最愁的是，我的合作伙伴们不背数字。"

我说："合作伙伴是指谁？"

辛总说："我的代理商。每次开全国代理商大会，头天晚上大家来了，关系好的凑在一起，先打一宿牌。第二天，开会谈事，主题就一个：讨价还价。不停地跟我讨价还价，最后都把我逼急了，我对他们说，你们怎么总想来赚我的钱，咱们是一伙的呀，应该一起去赚别人的钱才对啊，你们总想来赚我的钱什么意思？就是这样，不背数字不开分店。有一次为了推动他们开分店，我把话都说到这程度了，我对他们说，你们大胆开，赔了算我的，赚了算你们的。他们当时听了很兴奋，但第二天晚上又跟我说，算了算了，我昨晚又反复想了想，还是不开了。总之就是这样，赚了钱就去买房子炒股票，反正坚决不开分店，一个个小富即安。"

我说："辛总，我真不觉得你的合作伙伴们是小富即安。"

辛总说："那你觉得他们为什么不想做大企业？"

我说："因为他们不会，人只喜欢做自己会做的事，尤其喜欢反复做自己又会又擅长的事。所以辛总，你的合作伙伴最会、最擅长的是什么？”

辛总说：“他们最会、最擅长的就一样——卖货，而卖货的关键就是讨价还价。他们在店里跟顾客自如地讨价还价，把东西卖掉了，还跟顾客成了朋友。所以他们到我这儿就跟我讨价还价。”

西方有句谚语：“你如果只有锤子，那你看什么都是钉子。”明明是个螺丝钉，但手里没有螺丝刀，管它呢，反正长得差不多，往里砸吧。

你的合作伙伴不擅长什么？不擅长管理，也就是不擅长用数字思维管理整个企业，并且复制扩大。你以为他们没有尝试过开分店吗？他们当然不止一次地尝试过，但一超过十家店就开始开开关关，反复几次后他们的心就凉了，觉得赚了钱还不如买房子、炒股票更有把握。在赚钱这件事上，没有任何老板是小富即安的，他们貌似小富即安，其实都是不会做大，除非你教会他们如何复制扩大，否则再好的激励政策，效果都是有限的。

怎样让一个卖货驱动的企业升级到管理驱动呢？我们看一下，两者最大的区别是什么？一句话，卖货驱动就是先干活再算数字，管理驱动就是先算数字再干活。因此完成升级的关键就是一家公司必须用制度化制定年度预算的方法，把年度的 10–8=2 规划好并分解到人、到天，从而完成统一计量单位的工作。接下来再推到每个单位，以日经营为核心，自主经营，结果考核每日一转，至此由人盯人管理，升级到日经营管理，企业也就由卖货驱动升级到管理驱动，企业复制扩大的最大瓶颈也就可能突破。

注意，我这里说的卖货驱动有两层含义，一种是指销售代理型企业，它们善于卖货；另一种是制造研发型企业，它们善于设计研发生产一种好卖的货或一种好卖的专业服务。这两种企业都算完成了企业第一步——卖货驱动，它们要想做大，都需要迈上第二台阶，即管理驱动。

第三台阶是文化驱动，就是说企业管理驱动过关后，到了一定层次，抓文化比抓管理更有效、更有利于企业快速增长，但如果管理没过关就去抓文化，经常会事倍功半。

我们以海底捞为例，来看看一家企业如何依次执行卖货驱动、管理驱动、文化驱动。

1. 卖货驱动

海底捞第一点的卖货驱动解决得非常好。

哪怕在海底捞干过一天的员工都知道“客人是一桌一桌抓的”这句张勇语录。很多人很奇怪，什么是一桌一桌

抓客人?

一般人们总认为，对餐饮行业来说，菜品做得好，店内服务做到位，不需要在大街上抓人来吃饭，这种营销的思维还停留在坐销阶段。早在20世纪80年代，海底捞张勇虽然身处餐饮企业，但他把销售的理念提高到行销阶段，主动到大街上去抓人，不断强调卖货要卖得好。

海底捞刚在西安开店，没人知道海底捞。海底捞的商业模式也并不独特，就是一锅一锅卖、一店一店开。大门打开，就是没有客人来，看着街上的人，恨不得把看似想吃饭的人都拉进店里面。

除了没钱做广告外，店长杨小丽什么办法都试过了，包括到街上贴小广告。头天刚贴上，第二天城管就找他们了。

4小时过去了，城管的一个科长看着3个店员哭天抹泪的，就说："算啦，看你们是第一次，把执照给你们吧。我顺便去你们店看看，为什么你们火锅那么好吃还没生意！"

原来，杨小丽她们待在城管办公室的4小时里，哭着哭着开始拉上了客户，把刚刚开业的海底捞描绘成西安最好吃的火锅。说得科长非要去尝尝不可！

杨小丽坐火车，看旁边有两个打扮入时的妇女，就上前去说："姐姐，我们是四川来的，开了一家火锅店叫海底捞，味道挺好的，价格也公道，请你们去尝尝。"然后就把地址和电话给了她们。第三天，她们真的来了！从此，杨小丽就不怕上街抓客人了。

现在，抓顾客的文化已融入海底捞人的血液里。因为海底捞创办初期没钱做广告，所有顾客都是这样一桌一桌硬抓来的。

2. 管理驱动

解决了卖货驱动，接下来要解决的是管理驱动。

什么是管理驱动？就是把客人"抓进来"之后，进一步复制增长。先算数字再干活，海底捞的老板张勇，把哪个数字作为自己企业的基本计量单位呢？在这件事上，海底捞确实是全国一绝，他把客户百分百满意作为基本计量单位，并以此考核到人到天，我把它写作顾客百分百满意 / 每人每天。为什么说它是全国一绝呢？哪家餐饮企业不都喊着顾客就是上帝，让顾客百分百满意吗？对此我只能嘿嘿一笑了。

想象一下，现在你本人就是餐饮企业的老板，你要做 2017 年全年预算，你会把哪个数字作为基本计量单位并把它分解到店到天？最容易想到的就是抓销售收入，每店每天的销售收入；第二想到的就是抓利润，每店每天的利润是多少；第三想到的就是抓新增客户数，即不断推动顾客办卡。再细化还可以抓顾客重复消费次数，即推动办卡客户反复到店消费；还可以抓客单价，通过菜品研发和附加服务项目，不断提升客单价。几百家餐饮企业辅导下来，中国餐饮企业老板要不然是没有数字概念，要是有数字概念，主抓的也就是上面这些指标，顾客满意率也都会设，但比起上面这些指标来，重视度就要相对弱一些。但海底捞确实把顾客百分百满意作为第一指标。

用张勇本人的话说，我们对每个店长的考核，只有两个指标：一是顾客满意度；二是员工的工作积极性。1994年3月，海底捞第一家火锅城在四川简阳正式开业，我、我太太、同学和同学太太四人，就是海底捞的创业团队。那时，我连炒料都不会，只好买本书，左手拿书，右手炒料，可想而知，这样做出来的火锅味道很一般。想要生存下去，只能态度好点，客人要什么速度快点，有什么不满意多陪笑脸。因为我们服务态度好，上菜速度快，客人都愿意来吃，做得不好客人会教我做。我发现优质的服务能够弥补味道上的不足，从此更加卖力，帮客人带孩子、拎包、擦鞋，无论客人有什么需要，我都二话不说，一一满足。这样做了几年后，海底捞在简阳已经家喻户晓了。

张勇的这番话让人感动吧，但这只能说明海底捞的经营思路。

是不是真把顾客满意度作为第一指标，不在于这番话，而在于公司为达成这一指标授权到哪一层。因为在简阳开第一家店时，张勇作为老板亲自坐镇，他当然有权调度人财物，将顾客满意度这一指标提升到百分百，但海底捞在全国开分店，开到全国五十多家，在每一天、每个店里，谁有权限调度人财物实现顾客百分百满意？授权给店长吗？顾客不满，除非有较大的客户投诉，否则有哪个餐厅能将一桌的服务情况当下反馈到店长这一层。我说海底捞真敢把顾客满意度作为第一指标，就在于张勇把这一权限直接授权给一线店员。发现顾客不满意，一线店员有权决定送菜和一定范围的免单。这才是海底捞模式的关键，其他网上流传的过度服务的段子都只是他的注脚。

那么问题来了，海底捞这一模式别的企业能不能学？我的看法是基本学不了，大家都是做老板或做主管的，可以自己想一想，你开公司或者带团队，敢不敢给一线员工授这么大的权？百分之九十九的人是不敢的。道理很简单，屁股决定脑袋，如果一线员工有这么大的权限，他为了争取业绩，一定会过度服务主动送菜或免单，一方面自己拿高提成，结果就会成本严重失控，10–12=–2。那么海底捞怎么解决这个问题呢？用操作手册规定吗？规定这种情况下可送一盘白菜，那种情况下可送一盘金针菇？操作手册当然可以有，但只能是泛泛的指导，要想保证顾客百分百满意，必须把尺度交给一线店员，由他主动判断。

除了操作手册外，当然还可以相互监督，海底捞的做法是鼓励员工对同事坑公司的行为进行举报，另外，还派神秘顾客暗访店面，既防止店员怠慢顾客，又防止店员坑公司。

但上面这两种办法都只能算小小的监控，几十个神秘顾客，对手上千名员工，作用有多大？所以，海底捞如果不解决上述问题，它的商业模式就是不成立的。那么海底捞到底是怎么解决这个问题的呢？卖货驱动，管理驱动之后，第三个驱动——文化驱动就来了。

3. 文化驱动

再重复一下，卖货驱动、管理驱动之后之所以还有一个文化驱动，是因为到了一定层次，抓文化比抓管理更有效、更有利于企业的增长。海底捞选择了家文化作为自己的企业文化，张勇把它叫作“亲情文化”，他本人是这样介绍的。

海底捞的服务员很多都是经人介绍过来的，有老乡、朋友、亲戚甚至家人……这种招聘方式在很多人看来简直匪夷所思。

餐饮业属于劳动密集型行业，来就餐的顾客是人，管理的主要是员工，所以一定要贯彻以人为本。我始终认为，只有当员工对企业产生认同感和归属感，才会真正快乐地工作，用心去做事，然后再通过他们传递海底捞的价值理念。

大家可以和亲戚朋友一起工作，自然就很开心，这种快乐的情绪对身边的人都是很具有感染力的。

海底捞为员工租的房子全部是正式住宅小区的两、三居室，且都会配备空调；考虑到路程太远会影响员工休息，规定从小区步行到工作地点不能超过20分钟；还有专人负责保洁、为员工拆洗床单；公寓还配备了上网电脑；如果员工是夫妻，则考虑给单独房间……光是员工的住宿费用，一个门店一年就要花掉50万元人民币。

为了激励员工的工作积极性，公司每个月会给大堂经理、店长以上干部、优秀员工的父母寄几百元钱，这些农村的老人大多没有养老保险，这笔钱就相当于给他们发保险了，他们因此也会一再叮嘱自己的孩子在海底捞好好干。

此外，我们出资千万元在四川简阳建了一所寄宿学校，让员工的孩子免费上学。我们还设立了专项基金，每年会拨100万元用于治疗员工和直系亲属的重大疾病。虽然这样的福利和员工激励制度让海底捞的利润率缩水很多，但我觉得这些钱花得值。

加入海底捞的员工，流动率在头三个月内会比较高，因为生意太好了，确实太累了。三个月到一年之间有所降低，等过了一年就比较稳定了，能做到店经理就非常稳定了。

海底捞员工的薪酬水平在行业内属于中等偏上，但有很完善的晋升机制，层层提拔，这才是最吸引他们的。

绝大多数管理人员包括店长、经理都是从内部提拔上来的。我们会告诉刚进来的员工，你只要好好干，我们一定会提拔你，这是我们的承诺。

在我看来，每个人都有理想，虽然他们中的大多数人来自农村，学历也不高，但他们一样渴望得到一份有前途的工作，希望和城里人一样舒适体面地生活，他们也愿意为追逐梦想而努力，用双手改变命运。我要让他们相信：通过海底捞这个平台，是能够帮助他们实现这个梦想。只要个人肯努力，学历、背景这些都不是问题，他们身边榜样的今天，就是他们的未来。

我们把张勇的话解读一下，海底捞从地缘、血缘，人才物的投入，制度，宣导等多方面塑造出一个家文化，大家都是亲戚，都是朋友，都是老乡，都是家人，海底捞是大家的家，自家人不能坑自家人，大家都得讲良心。海底捞是用良心和家文化感召绝大多数员工不乱送菜，从而既保证顾客百分百满意，又保证企业有效控制成本。于是海底捞从卖货驱动、管理驱动到文化驱动，形成了一个完整的商业逻辑。

第四节
越过管理抓文化，只会越抓越坏

中国的中小微企业发展的一个关键瓶颈就是如何由第一台阶卖货驱动，升级到第二台阶管理驱动，管理驱动的关键又是先算数字再干活，即围绕日经营建立数字思维，只有这个问题解决好了才能到第三台阶文化驱动。但很多企业不是这样的，它们越过第二台阶，直接抓文化，这样只会越抓越坏。

为什么会越过第二台阶呢？主要是被形势推着走了，没有用心反省，形势是这样一步步发展的：当企业创立之后，首先处于卖货驱动阶段，只要货好卖，老板没太多心思抓管理，也没太多心思抓文化，如果说有一种文化，那就是绩效文化，即卖得越多奖得越多，一切就是这样简单粗暴却有效。

当卖货卖到一定程度，企业需要裂变壮大，也就需要由卖货驱动升级到管理驱动，但很多老板始终没有解决这个问题，结果裂变得越多，人均绩效越差，企业越来越不赚钱，增长速度越来越慢，甚至增长率持平或下滑。这种情况下干部和员工会怎么样？公司都没有赚到钱，他们又能赚到多少钱？因此，员工对收入、对公司越来越不满，怨声载道，扯皮推诿。如果在激励机制中，再设一些达成率作为考核指标，他们很快就会明白，自己收入的多少不主要取决于外部市场，而取决于如何抱团与老板博弈，逼老板把指标定低，如果老板不能满足要求，要么直接反弹——争吵，要么间接反弹——消极怠工。用实际业绩逼迫老板明白：老大，你错了。再严重些，就是直接跳槽，带着公司的供应商、客户、业务好手，到最大的竞争对手那里去。如果行业创业门槛低，那就干脆自己出去干一个，就在下一个红绿灯路口开业，让现在的老板上下班就能看见，恶心死了。面对此情此景，作为老板会怎么想？老板的第一直觉是，现在的员工太没有良心，尤其是跳槽的这几个左膀右臂，我这么信任他，培养他，带他出道，他却背后捅我一刀。看来我也要反省，企业里不能只谈卖货，还要谈良心，于是开始在企业里大谈感恩的心，谈忠诚，再带几个高管去听听课，放着《乔家大院》的片段，看着乔致庸和大掌柜相互磕头，然后在主持人的引导下，全部高管给老板磕头，老板再给高管们磕头，啸肃的音乐中，彼此抱头痛哭，完成了一次歃血为盟。所以越是增长不好的企业，越是愿意大谈文化，一会儿家文化，一会儿军队文化，一会儿宗教文化，一会儿学校文化，几位海归和九零后的，再搞点互联网精神、NBA 团队、特种部队小组，各位老板根据自己的喜好与擅长，给八五后、九零后员工们开方卖药："喝了我这碗鸡汤吧！业绩包好！"这一切对企业运营管用吗？呵呵，大概能管三个月，三个月内如果企业如期增长，一切好说，如果增长率还是那个老样子，一切打回原形。

所以，简单地被形势推着走，在卖货驱动已无力推动企业增长时，面对人心涣散，老板总是下意识地启动文化驱动，但这是错误，用心反省一下，这一阶段最应该启动的是管理驱动。围绕日经营的数字思维才能有效地推动企业再次高增长，增速上去了，人心也会更凝聚。

在我们五项管理公司大厅，主题墙上有这样一段话：

致挑战 100% 增长的中国企业家

很少有企业家认真思考过，一年增长 100% 的可能。

但总是有一些人胸怀大志，不入俗流。

而真理往往掌握在少数人手里，拥有倍增的梦想，才拥有倍增的可能。

我们彼此都相信，

一棵树，不在生长就在死亡；

一个企业，不在增长就在衰亡。

保持增长的速度，才拥有处理各种问题的可能，

一旦速度慢了，各种问题都将成为致命伤。

速度治百病！

提升效率，高速增长，是企业基业长青的最佳途径。

我把经营企业总结为一句话："聚合人心向前冲。"有时我又把这句话倒过来说："只有向前冲，才能聚合人心。"

DAILY OPERATION

第四章

两会一本，威力无穷

过去有个同事，在日本的企业里从事国际旅游管理工作，后来在日本自己开了一个小旅行公司，只有4～5个人，运转却非常高效，他戏称这种管理方式是“中国管理，日本员工”。他自己介绍说，在管理中自己运用了日式管理方法，俗称“吃菠菜”。

在日语里，菠菜的发音与报告、联络和商量的日语第一个发音完全相同，所以“吃菠菜”也就成为“报告、联络和商量”这一日本企业管理基本法则的代名词。

“吃菠菜”是日本企业管理中最为普通的法则。无论是生产型的企业还是非生产型的企业，在日本企业里，只要哪个下级挨批、挨骂，经常会听到：“混蛋！谁叫你不报告？你跟他联络了吗？你找他商量了吗？”

在“日经营”系统中，更是强调报告、联络和商量。尤其以面对面形式进行的“两会一本”、每日一转，是最好的表现形式，能够极大地提高工作效率，实现快速增长。

企业的竞争归根结底是员工和员工竞争。例如：

A服装店1个营业员成本3000元左右，平均每月销售收入5万元，净利润率8%，净利润4000元；同区域B服装店1个营业员成本3000元左右，平均每月销售收入3万元，净利润率4%，净利润1200元。同区域C服装店1个营业员成本3000元左右，平均每月销售收入只有8000元左右。

为什么会有这么大的差别?

原因在于，如果在一家企业之中，基本都是不能把事做到位的员工，返工、返工、再做，这家企业的效率必然降低，运营成本绝对递增，因此即便工作时间世界第一，工作成果也是相当低下的。

相反，如果做好了日经营，抓好了两会一本、每日一转，每个员工每天都能将工作做到位，实现当日目标，这家企业必然具有较高的增长率。

2015年，在全球经济发展持续减速的情况下，国内的餐饮行业面临诸多挑战，业绩全线下滑，但是江苏金湖名流餐饮有限公司利用两会一本、每日一转的方法，达到了6%的年增长率。

这家现有名流酒店、名流会馆二家分店的餐饮公司，主营淮扬菜。朱总在介绍自己的两会一本的做法的时候，很清晰地指出，就是统一思想，晨会布置目标，夕会对照目标，制定改进措施。用数字思维管理团队，将年计划目标分解到月到周到天；将月度三大指标分解到各岗位、各团队。

为了推进每日一转，每天抽查员工日志，合格的奖励5元／张／天，每周例会40元／次，夕会5元／次／天，岗位日报2元／次。

朱总在管理过程中，把财务指标、客户指标、管理指标都做到了量化。比如，财务指标是营收120万元，成本率控制在43%，净利润率力求达到18%。

客户指标方面他定的是：新客户（粉丝、积分卡客户）目标同比增速20%，储值客户增速达15%。

管理指标方面，制定了新菜品增加8个／月，老产品优化3个／月的计划。员工积分，日常指标积分权重占30%，业绩指标权重占70%。

这些数字与指标，每天都会公布，每周统计，每月累计。做到标准流程优化与新老产品同步进行。

甚至在每天的晨会、夕会上，这家公司连炉灶检查都会精细到出报表，晨会定目标，夕会检查结果。例如：

财务指标、营收指标中，计划每日炉灶使用成本控制在350元，实际成本200元；抽查炉灶用气情况2次，实际完成2次。

在品质指标中，检查菜肴出品 2 次，实际完成 2 次；外部投诉为 0 次，实际投诉 0 次。

在管理指标中，检查卫生 2 次，实际完成 2 次；检查每个人的目标完成情况，实际检查完成人数为 6 人。

江苏金湖名流餐饮有限公司的高速增长，核心要素在于充分发挥两会一本的巨大威力！

DAILY OPERATION

第五章

主营业务导入

第一节
增长的两大困惑

在企业经营的过程中，我们发现，不少企业家面临着两大困惑：第一是做了，但是没有效果；第二是做了，但是很累，坚持不下去。

我们说，企业利润增长是一场接力跑，要想实现持续增长，不仅要求企业家的第一棒要跑好，而且需要每一棒都能发挥出色。而这就取决于企业是否能够按照日经营的方法，真正做到主营业务导入。我们来看看下面这个案例。

广西博爱医药集团是一家拥有 34 家药店，在百色当地很有影响力的医药零售行业巨头。门店大多位于小区或商务区附近，公司总人数达到 300 人。

2013 年公司营业额达到了 5500 万元，但过去三年的时间利润零增长，甚至还有了下滑趋势。老板黄总准备移民卖店，但心有不甘。

2013 年 12 月抱着试试的心情，黄总带着高管走入了“组织增长”的课堂。

参加课程之后，他们决定把 2014 年的年度目标设为增长 10%，挑战 50%，营业额为 1 亿元。

为了找到方法，我特地到他们门店进行实地考察。我发现小区的地理位置不同，每个店长的擅长也不同，可不可以从这里入手，找到主营业务呢？

2014 年 1 月，集团导入了效率内训；3 月，导入了效率落地服务包。

3 个月的跟进过程中，我们把分店店长召集到一起讨论，2014 年的主营业务是什么。每个店根据每个店长的擅长之处和拥有的不同资源，把主营业务浮现出来。

首先，我给大家列出一个公式：

营业额 = 客户数量 × 客单价

业绩要提升的话，必须从两个方面考虑，第一是客户数量，第二是客单价。那么，具体要怎么提升呢？

先看客户数量。门店每天营业的空闲时间为上午10点左右，一般的企业，在这个时间段会安排培训，如果把这个时间段利用起来，就可以给公司创造收入，同时也为员工增加收入。

空闲时间段，什么样的客户会来买药？我发动员工们进行思考，大家马上想到"老年人"！是的，今天的中国已经跨入了"老龄化"社会，老年人是很大的市场。

首先就有店长想到了做活动，该店长的大批忠实顾客都是中老年人。有的店长提出，可以增加药品的附加值。

这些老年人最钦佩的不是店员药物推荐之合理和耐心、细致的待客之道，而是其掌握、熟知且切实可行的大批"健康小诀窍"。秋天水果煮着吃，适当吃巧克力巧降压，藿香正气水的*N*个秘密……当你把这些健康小技巧在售药过程中传递给顾客，顾客自然而然会感觉到自己用钱买来了更多的健康附加值。

另外，免费试服试用这项体验服务很多药店都有，而且有的药店用得炉火纯青。

我们走进商场的时候听到的最多的一句就是"买不买没关系，穿上试试也行"。但药店可不能这么说，所以药店怎么能说服客人去试并且去买？

这就得在免费试服试用的药品上做文章了，在选择口服药品上一定就得用心，应该选择像维生素C、阿胶、小儿AD钙软糖，或外用的风湿贴等产品。这些产品不但味道好、口感佳，并且很多风湿贴等产品由于里面含有薄荷、冰片成分，贴上后马上感觉舒服，能让客人喜欢上该商品，立即购买。

有的店长还提出做医疗咨询，还可以与美容院联合，因为美容院不允许卖药，可以导入其相关产品。

有的店长提出，开在高档小区附近的店可以发放宣传单，也可以与医疗公司合作，搞几次免费体检保健项目，吸引客流。

还有的店长对竞争店进行分析调查，包括同时间段与本店的营业状况的比较（营业额、来客数、促销状况、重点商品、畅销商品及价格对比等）。

这些建议，都对提升客户数量极有帮助。

其次是客单价！擅长分析主推商品、畅销品、缺货品的店长，就分析如何提高高毛利产品的销售。

有的说做春季小儿流感的高毛利产品。还有的请厂家在店内做咨询。

另外，建立良好的地域社会关系也是利用好顾客网络的重要一环。有的店长擅长处理关系，参加地域活动，最好以协助或指导的立场来完成，一方面可以赢得当地居民的好感，另一方面可以在协助或赞助中，留给社会实实在在的收益。

店方对当地的社会活动应热心参加，这样，一方面可以建立良好的人际关系，获得顾客信赖，另一方面可以通过积极参加社会活动而拓展新的客源。

最终，通过一下午的头脑风暴，每个店根据自己的资源，找到了十几个好方法，确定自己的主营业务。

随后，他们通过两会一本的推动，每天都对昨日的营业状况进行总结改进，包括营业额完成情况、来客数、昨日营业没有达标的原因及其改善方法、商品销售状况、商品的销售追踪等。

最后，在未增加新店的基础上，2014 年完成 9 200 万元，同比增长 40%。其中，最高的单店增长 77%，最高坪效增长 113%，平均人效增长 35%。

从广西博爱医药的案例，我们可以看出，企业要想实现持续增长，就必须切实导入主营业务，并围绕这一业务，展开经营活动。

除了没有增长效果，企业家还面临第二个困惑，就是绩效增长效果明显，但比过去要做的事情多多了。因为会议多了，工作量大了，坚持不下去，不是员工坚持不下去，而是老板自己坚持不下去了。

于是，一些企业家就生出疑惑：我作为一个老板，都已经这么成功了，为什么还要比过去更累？

这些企业家说的累是身心俱疲。在北京有一个孙老师，他经常说一句话我非常喜欢，他说身要忙，心要闲。身体忙些、累些没问题，但心要是闲的，因为一切尽在掌握。

其实，身累、心闲是一个最健康的状态。所以，我们要知道，两会一本，那种累比心纠结，你会很兴奋，像天天长跑一样，天天长跑不是很累吗？其实不是累，它是很充实。

一位《全球商业经典》的记者，2007 年采访过李嘉诚。首富的工作状态是什么样的？

想在办公室发现什么惊人特色吗？没有。他的办公室就像他的打扮一样简单。没有任何奖杯、奖章，没有文件、照片，没有音响和电视，甚至连一般衬托学识的书籍都没有。唯一能证明这间办公室主人确实是李嘉诚的，只有一座小小的“李嘉诚公仔”，那是同事送给他的生日礼物。他似乎刻意让办公室不带个人感情，简单到令人怀疑这间办公室平时究竟有没有使用。

“我每周来这里上班5天半啊！我一向桌上不会留纸，今日事、今日毕。”他笑着解释。（摘自给未来领袖的九封信[M]. 上海：上海三联书店 . 2011.）

李嘉诚说，自己28岁的时候，已经知道自己此生可以跟贫穷说再见，接下来只是享受工作，这一做就是50年。

“我内心已有非常好的保障，若一个人不知足，即使拥有很多财产也不会感到安心。举例来讲，如果看着比尔·盖茨的财富和你自己的距离那么大，那么你永远不会快乐。”李嘉诚说：“重要的是内心的安静，表面看来很忙，但内心其实没有波动，因为自知做着什么工作。我知足，但不表示没有上进心。”

通过这个故事，我想提醒大家什么？

对于李嘉诚来说，世界上什么样的管理系统他不能用？什么样的优秀人才他不会用？他已拥有这一切，但他为什么还需要每周五天、每天六小时去办公室上班？大家想想，这是一个快80岁的老人了。换句话说，只要是一家企业，搞日经营就没有说能撒手那回事。如果有人说可以撒手，你都不要信。人就得在那儿盯着，就是要比过去更加努力！但是，很重要的一点，无论怎么搞日经营，身体有多忙，都必须心闲，保持内心的安静。在这一点上，俞敏洪就是最好的例子。

俞敏洪现在的身份非常多，却能够做到身忙、心闲。俞敏洪在谈到自己的作息表的时候说：“我喜欢旅游，每年会抽出一两个月的时间专门去旅游。虽然年纪已经超过50岁，但因为用脑量太大，我不担心自己会胖。如果真胖了，去外面徒步旅行15天，就瘦下来了。

我每年有1/3的时间上班。晚上有1/3的时间会回家吃饭，因为要回家陪孩子。还有1/3的时间是应酬，一年中有大约100天在外出差。现在，想安静特别难。比如旅行时住在某个宾馆，一吃饭就有很多人跑过来要照相，这样内心的安静就被打乱了。所以现在旅游一般都会去几乎没有人的地方，如大草原，自己开辆越野车，带一两个身边的人。他们很少说话，会给我一个安静的私人空间。”

在身要忙、心要闲方面，马云也是一个很好的例子。

静能生定，定能生慧。马云在一次演讲中说，他认为“人定胜天”，天是有规律的，天也可能是天灾人祸，但是这个“定”是镇定的“定”，而不是一定的“定”。

在任何经济状况下考验的是你的能力，而你的能力体现在员工的能力、你组织的能力、文化的能力、对未来预判的能力。所以在常态下我们只有镇定了，才能躲过。就像发生地震的时候，越镇定越有机会。

然而，在不少企业的经营管理中，有一种说法是很可怕的，总有一种基本的假设：管理的最高境界，就是员工自动自发，主管自动自发，老板利益放手。

这种说法认为，作为一个企业家，做了这么多年企业，还在那儿天天那么累，你很可悲，你应该不忙，世界那么大，你应该去看看。

其实这个说法中隐藏了一个价值判断：累是可悲的。换句话说，劳动是可悲的。

但是，作为企业家，你如果是这么想，你下面的高管会不会这么想？这些高管会认为，老大的最高境界就是可以不劳动，应该让手下代替自己劳动，这才是管理的最高境界。你如果有这个价值观，你的高管也会这么想，你的中层也会这么想，最后你的员工也会这么想。

因此，这种错误的说法，必须坚决杜绝。企业经营无论成功与否，都必须树立一个正确的价值观，劳动是光荣的。企业家作为领导，应该身先士卒地展示给下属看，一定要这样，否则就没法做了。这就是实现企业高速增长的必备前提：一方面，导入主营业务；另一方面，坚持身要忙、心要闲！

第二节

有效劳动三大层级

主营业务导入，解决的是企业家遇到的两大困惑：一是做了没效果；二是做了有效果，但是却很累。在日经营的观点来看，企业家在企业经营上，恰恰要做到不怕累，坚持身忙、心闲，因为一切价值的创造，最终来源于劳动！

更准确地说，企业一切价值的创造，均基于有效劳动。我们管理的一切都是有效劳动。比有效劳动更好的是什么呢？更多的有效劳动；比更多的有效劳动更好的是什么呢？就是心甘情愿地做更多的有效劳动。这就是所谓的有效劳动三大层级：有效劳动，更多的有效劳动，心甘情愿地做更多的有效劳动（见图5）。

劳动价值论

图 5

在实际运用中，第三层是可以追求的，但不要基于心甘情愿。能基于的是第二层——更多的有效劳动，这个是我们要力争的，绝对要做到的。对于第三层，能做到什么程度看情况。但无论是哪一层，其核心均是劳动价值。

有一个听过我课的企业家对我说："王老师，你这课我听完之后回去用了一年，现在已经是第二年了。"我问他觉得效果如何。他说效果真的很好，但就是有一个问题，坚持起来有点难。

我说为什么坚持起来有点难？他说累。过去，他一个月才开一次会，现在变成每天都开，他还没开全呢，他就是做到每天开晨会。这个同学是做农业助长剂的，大概一年有五亿元的营业额，在全国做得挺好。因为要做业务，他的人都是散在外面的，不容易每天召集齐，于是就早上开晨会。

这位企业家就问我，日经营系统管用是管用，但是坚持第一年行，坚持到第二年，员工、干部就有点坚持不下去了，怎么办？

我就跟他说，你知道为什么会有效吗？就是因为你们比过去累啊！你知道这个管理为什么有效吗？就是因为你比过去累啊！你以为还有什么奇迹吗？没有奇迹，在你的企业能有效，业绩能增长，就是因为比过去干得多。业绩增长，别认为有什么新花样。没有任何人告诉你说，我有一套机制，从此你就解脱了，你就比过去干得少了。

我给他举例说，台湾奇美的老板许文龙，听说不爱去办公室上班，他一个礼拜只去公司两个半天，其余时间主要的活动就是海钓。平日待在家里，也少有电话，真有人找，也是钓友来相招出海。我就告诉他，千万别信，因为没有哪种管理机制可以真正一劳永逸。

任何管理机制最后起作用的，都是因为有效劳动更多。我们可以发现，做得好的企业做的都是有效劳动。

有效劳动在哪里？**有效劳动大量地存在于能够帮助企业找到主**

营业务的劳动中。

过多的投入无产出，会导致浪费。在主营业务上多投入，想更有效，就要投入更多的有效劳动。过去，人们将“三更灯火五更鸡”视为勤奋的标准，但在快节奏高效率的信息时代，勤奋有更高的含义了。勤要勤在点子上（最有生产力的地方），这就是当今时代“勤”的特点。

这也就可以解释为什么同样的资源和人，交给不同的管理者进行管理，结果却相去甚远？原因就在于他们没有抓住有效劳动。

有效劳动是什么？是能创造业绩的劳动。我们把劳动分为功劳与苦劳。通俗地讲，市场经济条件下不承认疲劳、苦劳，苦劳出不了成果，而只有有效劳动才能给企业创造业绩，创造功劳。**讲苦劳是管理上的第一浪费。**

试想，一个公司的全体员工都非常勤奋、非常敬业，但最终产品销售不出去，企业将如何生存？

什么才是更多的有效劳动的方法？就是要提升普通员工的生产效率。同时，为了创造更多的有效劳动，让有效劳动翻倍，要把1年当4年过。

把1年当4年过的企业比比皆是。星巴克用32年建设品牌，Airbnb却只用了五年就深入人心；Uber、罗辑思维等新公司，正在用最低的成本和最短的时间整合最大的资源，创造商业神话。

那么，如何才能1年当4年过？

1年12个月，企业会在年底的时候，做明年12个月的年度预算，细到月、周、天。而1年当4年过，就是每3个月，也就是1个季度就当成1年那样转一回。

曾有企业家对我说："我的企业有效劳动不容易翻倍，因为我受产能限制。"

企业家们首先要切记，没有人规定1年就是12个月，1年为什么不能是3个月？就这3个月，要开发5个大客户，不要等到12月再开发他们。在9月就开发，如果到了9月底，这5个大客户已经真的开发出来了，发现还有时间，接下来的3个月再开发2个。

如果是真的产能不够，那就必须把单月时间给用足了。这样干的话，不就是1年当4年过吗！

还有的企业家问我，定的目标完成不了怎么办？实际上，目标的完成，关键看我们要有一种什么样的感觉？要有不断地推动工作的感觉，一步步往前推进。你不用关心未来挣多少，你焦点放在完成多少就行了。未完成需要关心吗？不需要关心。

比如说你原定的是25%，听完课后按照50%以上的活去干，挑战百分之百，然后结果怎么样？6月、7月两个月，根本没有完成50%，只完成了30%。一般情况下，90%是达不到。

有人就会说了，这不就是失败吗？然而，我们关注的是，不是多了5%吗，多好啊！听了课，得5%的增长，不很好吗？

那么，我们现在关心的是什么？我们关心的是7、8两个月能不能干过30%，然后9、10两个月能不能干到40%，11、12月随便冲，冲到多少是多少。如果全年平均下来，也许到45%。即使你增长了36%，其实也很好，由25%到36%，多了11%。

我们说，一个企业的发展，短期靠销售，中期靠产品，长期靠文化。是什么能让人们更多的有效劳动？

20世纪传统的奖励方法，在机械型工作中能起到正向激励作用。高绩效的秘密在于看不见的内在动力。要让人们为了自己而努力工作，让人们对工作有掌控感，让人们对工作抱有使命感。这些，才是最好的激励因素。

推动企业利润快速发展，要营造心甘情愿地做更多的有效劳动的文化氛围。实际上，一切管理的本质，都是让人们心甘情愿地做更多的有效劳动。

如何让员工愿意心甘情愿更多地创造有效劳动呢？我们来看一个案例。

在传统的模式下，设计师、工程师的工作由于太专业、外行看不懂，往往依靠部门负责人的主管评价，反应速度慢。

小米内部讲忘掉KPI，背后却用用户反馈来驱动开发。比如，小米的MIUI开发，MIUI的设计师、工程师全部泡论坛，不是每个月泡，而是每周、每天都要泡。

刚开始是公司强制规定，很多工程师都不理解，认为这是客服部的事。但是，雷军坚持要这样做。渐渐地，工程师们就开始习惯了。用户的反馈与吐槽，时时扣动着工程师们的心弦。用户反馈好，一个点赞，可以让工程师们脸红心跳，从内心深处发起改进提升的热情。

从此，评价工程师的工作，不是老板今天心情不错，说你做得好，而是全部依靠用户票选出来，大家公认的好设计才是好。

小米公司正是凭着这样的绩效考核模式，短短几年间就成为标杆企业。2014年小米共售出6122万台手机，增长227%；含税收入743亿元，增长135%。如此骄人的成绩，令传统企业望尘莫及、望米兴叹！

同样，激发员工更多地创造利润，还可以像下面这家企业这样做。

某家企业有一年从预算中节约了30万元的费用，准备把这笔钱用来作为奖金发给员工。如何使用才能起到更好的激励效果？该企业的高层建议“阳光普照”，全公司300多人，每人1000元，用福利卡的形式发放下去。如果这么做？能让员工有感觉吗？

很难，激励的效果大打折扣。实际上，如果把这30万元设置成重大业绩突破的奖金，或者技术突破、成本节约奖金，只评选出10人，人均3万元，这30万元会像“鲶鱼”一样，游入沙丁鱼群，让每个“沙丁鱼”员工都十分紧张、十分兴奋，左冲右突，寻找机会，加速游动，不仅仅可以促进他们心甘情愿地创造更多劳动，更可以让30万元的奖金带来5倍甚至10倍的收益。

第三节

劳动价值论：永恒的管理基石

从前面两节的讲述中，我们可以看到，**强调每人每天最大价值的日经营，最终的基石建立在劳动价值论上。**

我们知道，在马克思的劳动价值论中，社会生产力包括三个基本要素，即劳动者、劳动资料和劳动对象。

劳动价值论认为，在生产要素中，首先应该突出劳动和劳动者的作用，因为“劳动是生产的真正灵魂”。因此，重视生产力，应该首先重视劳动和劳动者；解放生产力，应当首先解放劳动和劳动者；发展生产力，应当首先提高劳动者的素质和劳动效率。只有激发劳动者的创造潜能，才能创造社会财富。

正是由于这个原因，我们才说，劳动价值论是永恒的管理基石。作为企业家，自身就应该成为劳动价值论的推动者，身体力行地进行有效劳动。

然而，在实际经营过程中，有不少老板还把本应自发推动的管理过程，寄希望于设计一套精巧的激励机制，偷懒不去公司。他们天真地认为，有了这套激励机制，员工就可以自动自发、心甘情愿地创造有效劳动了。其实，这样是不对的。

管理的基石，不能是技术价值论、激励价值论，一切都代替不了劳动。真正能为企业创造价值的，只有有效劳动。

与此相对应，苦劳对一个企业是没有任何贡献的，它不会带来任何利润。企业只认功劳不认苦劳，把这种观念灌输下去，一旦获得大家的认可之后，企业效率自然就会高。

那么，企业管理者如何自己去推动呢?

最好的方法是以身作则，因为它是一种真诚的价值导向，会使员工有真诚的认同感、责任感和归属感。

企业家要努力使自己成为一个可靠的“自我管理”的榜样。如果你想让员工成为有效的“自我管理者”，你自己就得成为一个榜样，为他们提供一个示范，以生动、详细、易于理解的方式来展示“自我管理”的行为。

有的管理者只决定目标、政策、任务的方向，对部属在完成各个阶段的日常活动，不加干预，只问结果，不问过程。

他们想过没有，结果从何来？不正是导向那个结果、环环相扣的过程吗？没有可控制的过程，就没有可预期的结果。

常言说，种豆得豆，种瓜得瓜。但在现实中，种豆得瓜的情形却并不鲜见。其原因，要么是土壤本身不合适，种豆根本得不了豆；要么失去了对过程的有效监控，把豆当成了瓜来种。

对过程进行把控，其实就是企业家必须亲自推动劳动价值论，更准确地说是有效劳动价值论。只有这样，才能真正实现日经营系统的落地！

DAILY 第三篇 OPERATION

日经营的实效方法

DAILY OPERATION

第六章

失败的日经营

第一节 “目标+激励”为什么屡屡碰壁

时下，各种管理方法、管理模式不断推陈出新，企业可以不费吹灰之力，就得到一个新的管理模式。但即便如此，管理效率为什么没有得到太大的提升？大部分的公司为什么仍旧很难盈利？

有一次，一个企业家疑惑地问我：“现在讲述巴菲特投资技巧类的书铺天盖地，但为什么我们这些读者按照书上说的投资方法来投资，却经常赔钱赔得倾家荡产？”

我说：“书中讲述的巴菲特的投资技巧都没有骗你，但都是巴菲特亲自操刀，只有他本人才知道其中执行的细节，才可以赚得盆满钵满。什么时候该买进，什么时候该抛出，这些具体的操作细节，当然不会在书中全部呈现。”

有一句话叫“魔鬼在细节中”，这句话是20世纪世界最著名的建筑师密斯·凡·德罗总结他成功经验时的高度概括。他认为，细节的准确、生动可以成就一件伟大的作品，细节的疏忽也会毁坏一个宏伟的规划。德罗的工作非常细，他设计的剧院竣工后，他都要亲自去调试每一把座椅，以使每一位观众都能得到最好的音乐效果。

因此，任何一个战略决策中执行的细节，才是值得趋之若鹜的根本。这也许是企业家们花高价也要竞拍与“股神”巴菲特共进晚餐的机会，不惜代价要面对面求取“真经”的原因。但即便取得“真经”，也要靠勤奋的每日推动与执行，才能真正落地。

企业经营管理同样要求对细节的把控、执行过程中的到位。

在企业经营的过程中，很多企业家都有一个困惑：明明我的“目标+激励”措施都到位了，为什么最后增长目标完成得一塌糊涂？

大部分公司都在不停地设定目标，花费大量的精力制定、分解目标，分解方式也是五花八门。

激励方面，管理者认为管理的目标对象是人，设定关键业绩指标（KPI），把其达成的程度作为考核标准，重奖重罚。在制定考核标准的过程中，也是全员振奋，但是常常事与愿违。

这是因为这些企业家把目标管理简化成目标考核，又把目标考核简化成目标激励，最后就剩下了目标和激励。

我把目标到激励的过程，比喻成“钟表”，一环扣一环，第一步叫目标沟通，第二步叫目标辅导，第三步叫目标考核，第四步叫目标激励（见图 6）。

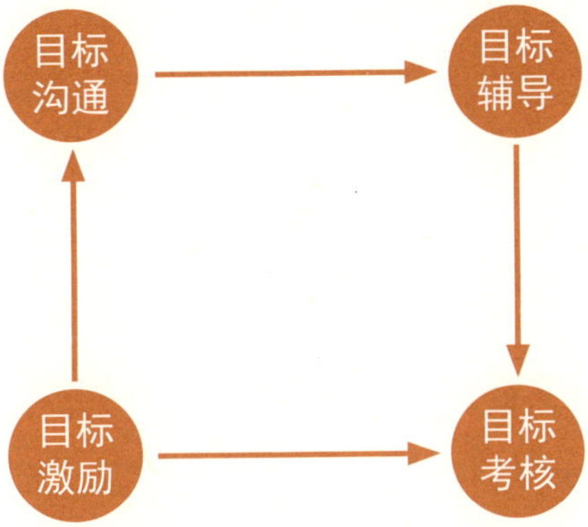

图 6

第一步目标沟通。我们能够定下多少目标，根本不重要，重要的是沟通下去，与员工能达成共识。我发现中国成长型的企业，80% 的痛点不是在不会设定激励机制上，而是在给员工找活、寻找劳动价值上非常欠缺。

这需要与员工不断沟通，达成企业目标是高增长的共识。在此基础上，明确实现利润高增长的基础不是考核激励，而是要想方设法让大家多干活。

第二步是目标辅导。很多企业家认为，与员工沟通没用，员工达不到要求，就罚款。我说这样太简单粗暴，要积极做目标辅导，在员工达成目标的过程中积极给予支持。

企业应该把 80% 的时间、精力放在目标沟通、目标辅导上。第三步的目标考核有没有？应不应该设定达成率？有，但是这是过程中的不断“体检”，最后再到第四步——目标激励。

当企业寄希望于把激励机制设置得合理了，人就可以多干活了，错误地认为管理的基石就是激励机制，我们认为这种逻辑顺序正好颠倒了。

单纯的激励机制为什么不管用？

激励机制倡导奖要奖得心花怒放，罚要罚得心惊胆战，这样的做法，通常只是在行情好的情况下才能管用。江山易改，本性难移。人是如此，企业也是如此，企业也有自己的 DNA。一个企业的 DNA 就是这个企业的核心团队、激励机制与企业文化。

当行业处于上行的时候，企业在有利的行业地位和产业链位置，不论什么样的 DNA，企业总容易盈利。行情不好的情况下，单纯的激励机制会带来很大的管理失控。

因为，在逆境的情况下，只有投入比过去大得多的工作量，才能产生像过去一样的效益。但是，一般的员工都没法“守得云开见月明”，熬过很长的这段黑暗期。

很大程度上，只有通过管控才能度过黑暗，达到最终的增长。

2010 年 1 月，世界第三大日本航空公司因为经营陷入

困境，申请破产，整个日本一片哗然。为了拯救日航，日本政府邀请有“经营之圣”之称的稻盛和夫出任日航的董事长。

2010 年 2 月，刚刚来到日航的稻盛和夫发现，日航员工的危机感、核算意识、盈亏意识相当薄弱，部门责任不明确，公司本部和工作现场，计划部门和操作部门，经营干部和一般员工之间，关系松散，各行其是，缺乏统一。

于是，稻盛和夫对日航员工的意识观念开展了大规模的教育培训工作,把京瓷的标语都拿到了日航,倡导员工“以高尚纯粹的精神状态工作”。

他奔走于日航的各个机场，把空姐和机务人员召集起来，告诉他们要重建日航，关键在于大家能在多大程度上得到乘客的喜爱。他召集干部开会研讨，最多的一个月开了 17 次。

曾经的日航,不知权责属谁,不知哪条飞行路线赚多少、亏多少。很多人持官僚心态，各部门各自为政。稻盛和夫把核算意识提上重要日程，运用了层层延展式教育。他首先邀请了 50 名主管，教导他们如何做好管理、懂得分析盈亏。第 2 批，邀请人数扩展为 200 人。这些主管在之后还必须到一线了解运营，并提出心得报告。

通过更多的劳动，日航渡过了难关，摆脱了濒临破产的命运。2008 年 10 月，日航全部飞机的搭乘率，平均为 66%，而到了 2010 年 10 月，已经增长为 78%。稻盛和夫在不带自己的管理团队的情况下，仅用了 1000 天的时间，使这个大型国企重新实现盈利，并很快完成再次上市。

企业家容易犯的一个错误，就是过度迷信激励。虽然激励机制的设定，一方面考虑到了企业管理的对象应该是人，另一方面却忽视了人是心脑脚的综合体，激励只是与脑相关。

作为心脑脚统合体的人，出问题的话，不是心出问题（状态、情感、情绪等），就是脑出问题（缺目标缺数字，每天工作时间抓不住重点，缺方法，不会创新），或是脚出问题（缺行动、缺执行）。

我们把心、脑、脚这三部分展开，用管理术语来对应，就是心态管理、目标管理、时间管理、学习管理、行动管理这五项管理。无论组织形态、组织规模有何不同，最终表现出的问题，都集中到这五项（见前面的图 1）。

通过这五项管理可以解决我们通常会遇到的普遍障碍：心态消极，悲观失望；怀疑害怕；目标不明确，东飘西荡，没有方向；不会时间管理，拖延，效率低；不能持续学习，缺乏应变能力；行动力不够，想得多做得少。

激励价值论最大的问题，是认为达到目标的基石是激励机制，因此，目标的分解最主要的方式用激励机制来进行分解，寄希望于这样能够达成目标。而不是分解成指标，分解成工作量来实际操作。

我们认为劳动价值论才是完成目标的基石，把业绩目标数字变成执行指标，把执行指标变为工作量，把工作量转到人、转到天，通过这个扎实的两会一本，每日一转，把工作量落地，来实现最终的目标。

有一次我们去给某省的交通银行做培训，交通银行的行长是从政府部门转过来的。交流中就说，现在项目的执行力太差，“我以前在政府有那么好的资源，包括××卷烟厂的那些资源，我都给他们对接得特别好了，只要推就能成事，我都给他们把路铺好了，但他们就不去干”。

我问：“你们的员工现在干了多少？”

他说：“他们什么都没去干。”

我说：“员工肯定不会都没去干，你作为部门的领导，你说要做事情，下面有可能一点都没干吗？不会的。只是执行力差，他们干得没达到你的预期，是不是这样？那这一刻重要的是什么呢？重要的不是指责他们，而是要随时测量。”

我在对员工下指标的时候，会经常核对数字，我为什么要执着于数字呢？我认为下的指标就是要可测量与可跟进，尽量别设定成百分比，比如增长 90%，转介绍率 50%，这些可以要求，但是百分比不好分解，更不好变为员工实际能操作的活。日经营中，最关键的是如何把数字变活。

管理大师彼得 · 德鲁克说过这样一句话 :“管理就是要可衡量。”因此，衡量工作的时候，要有一个数字作为指标，但是这一指标尽量要可测量、可分解，随时推进，促进业绩提升。下面我们来看一看日本的传奇教练原田隆史的常胜教育。

日本有个传奇教练叫原田隆史，在 20 余年的执教期间，他将企业经营理念和精神训练融合成独特的“原田式指导”方法。他以梦想和执着激励着一批又一批的孩子们，并通过态度教育，培养孩子们学会认真和积极的做人态度，带领他的学生 13 次在日本田径比赛中获得个人单项冠军。他的训练办法是什么？他强调的就是随时测量。

例如，一个女孩子刚来练铅球，他说你的目标是三年之后参加初中生全国的竞赛，铅球竞赛全国第一名。那女孩子问 ;“我真的能拿第一名吗？”他说，你此刻就已经很有希望了。“我怎么就很有希望？”

原田教练这么解释 :“拿铅球这个项目举例，每年参加全日本大赛的大约有来自50所学校的50名选手，最初的时候，我认为我们的队员要想获得日本第一就必须得战胜所有其他的选手，后来我仔细分析了一下，发现这50人中大概有30人的目标只是能够参加全国大赛……

进一步分析，这50人中估计有10人的目标是获奖。本来前8名都属于获奖的范围，但是，估计这10人中的大部分人都把目标定在前5～8名。

所以，每年参加全日本大赛铅球项目的50人中，只有2～3名运动员及他们的教练是真正想取得冠军的。而日本第一也只会在这2～3人中间产生。"

教练这时候就问这个女孩子，最关键是你狠不狠，你有这个决心吗？女孩子说，我有这个决心。好，你有这个决心，我就给你按照挤进这1/3的人的方式去练，想成为最终的这1/3的人，训练量跟一般人能一样吗？不一样。

教练说，这1/3的人随时能达到什么程度，自己都要清楚。这样就树立了第一个大目标。第二个日均目标，都要随时测量。

比如他就采取时间限制而非数量限制来安排训练。拿引体向上来说，他把训练设定为3分钟，做的次数由个人自身条件决定。实力强的选手可以做50次，实力弱的选手可以做20次，只要每个人都尽力了，他不会因为谁做的次数少而批评谁。

学员在做完之后就会问，教练我现在怎么样了？他说，你这个程度很好，但是我告诉你，去年在全国大赛中获得冠军的H君，他在训练两个半月的时候，在同样的杠上坚持的时间大概比你多40秒钟。学员听他这么一说，立刻兴奋了起来："只多40秒钟？好，我再坚持40秒。"于是，从下一次训练开始，他就奋力向多坚持40秒冲击。

这个教练就是这样随时测量，通过对状态的细致测算，随时从内心激发学员的积极性，促进其成功。

他还有一个方法，就是"坚持洗盘子就能取得胜利"，意思是坚持做力所能及的事情，就可以强化心灵。他让一个孩子在家里每天做一件好事，保证坚持三年。那个孩子说，我保证每天都不怕苦，吃完饭，我家的盘子我来收，就这件事，坚持到底。有时外出吃饭，为了能坚持洗盘子，他到饭店后厨去洗盘子。有一次这位学生的妈妈打电话来问："原田老师，我儿子高烧40度，今天还需要刷盘子吗？"教练回答说："那也要坚持，哪怕只是把盘子拿到他枕头边让他摸一下也行。"

教练为什么这么做？就是让孩子的心智不能有"漏

洞”！只要持续 1 000 天，天天洗盘子，他的心智就不会有“漏洞”。在一次比赛中，本来绝对可以获得冠军的一名男选手却只获得了第二名。赛后，教练问他失败的原因：“你天天刷你家的浴缸吗？”学生回答：“我天天刷啊。”“真的刷了吗？”教练问话的同时，这位学生往后退一步，“我刷了”。教练穷追不舍，继续问：“真的刷了吗？”连续问了三遍，孩子说：“原田老师，实际上，刷浴缸的工作我偷懒了。”说完孩子就哇哇大哭了起来。

他认为刷浴缸和比赛胜负没有关系，已经一个星期没有刷家里的浴缸了。这样做的结果，让自己的心里一直为偷懒而惴惴不安，甚至失去了自信，最终在比赛中才获得了第二名。

没有每日的坚持，这位学生的心中有“漏洞”了。在态度方面，最值得我们学习的就是在美国职业棒球大联盟中表现非常出色的日本选手铃木一郎。有一次，铃木一郎应邀到西雅图的一所小学为孩子们进行了演讲，我从电视中看到了实况转播。

一个小学生问铃木一郎：“您在职业棒球大联盟的比赛中表现这么棒，您有什么秘诀吗？”铃木一郎的回答是：“我的秘诀就是从不把棒球放在地上。因为如果把棒球放在地上，棒球吸收了草坪中的水分，会产生细微的变化，哪怕只有几亿分之一的变化也会影响打球时的手感。而且，我从小就懂得爱护父母给我买的运动器械，像球棒、球、钉鞋等，我都特别珍惜，使用的时候非常小心。”（节选自《常胜教育》）

我们一直强调的就是每人每天一步步地推进，不用太在意这次没有达成，因为我们的公司、团队像什么？就像孩子一样，孩子是会长大的。

我问问大家，孩子是怎么长大的？一天天慢慢地长大。但是就像孩子是拉扯大的一样，不要以为给员工设置目标他就能达到，作为领导者，你得拉他，你得帮他。

目标是定在挑战 50% 以上，但是，你能由 25% 扯到 30% 就很开心，扯到 35% 更开心了。就得这样不断地一把一把地拉扯，否则的话，只是找到方法，期待员工达到，管理岂不是太简单了吗？

因此，不要把焦点放在达成率上，而是要把焦点放在每年、每月、每日的推动上。

第二节

日经营的两大困惑

有个老板问我："为什么我的企业引入了全面目标管理，公司的业绩没有明显增长，反而在下滑？"

我反问他说："你的目标管理是如何做的？有没有落实细化到每天的工作当中来？"

他回答说，"没有，直接对应到激励措施。老师，我肯花钱，这样还做不出好业绩吗？"

我说："你太懒了，你寄望于花钱买个好业绩。"

老板反问："我花钱难道买不到好业绩吗？"

我明确地说："当然买不到！肯花钱，请第一流的人才，虚怀若谷，愿意分享，甚至给他配股，只要大方花钱，有效花钱，把钱花在刀刃上都是很好的。但是这些都通通买不到好业绩。”

为什么这样说？

花钱不等于好业绩

在老板的心态上存在着这样一种错误：花钱等于好业绩。在他们看来，通过精巧地设计一些机制，人就可以自动自发地干活，就可以“买来”好的业绩，从而忽略日常的管理，不把时间和精力用在有效劳动上。这样的管理方式不是简单，而是简陋。

为什么？因为没有回到基础的劳动上。企业增长的基石一定是劳动，然后才是激励机制。

换句话说，企业想要实现增长，就必须先把增长数字或目标转变成增长点，再把增长点落实到增长量上，最后将其转到人、转到天（见图 7）。

细化到天，一定要有机制，用日目标来对照工作，否则人不会自动地往上面转。

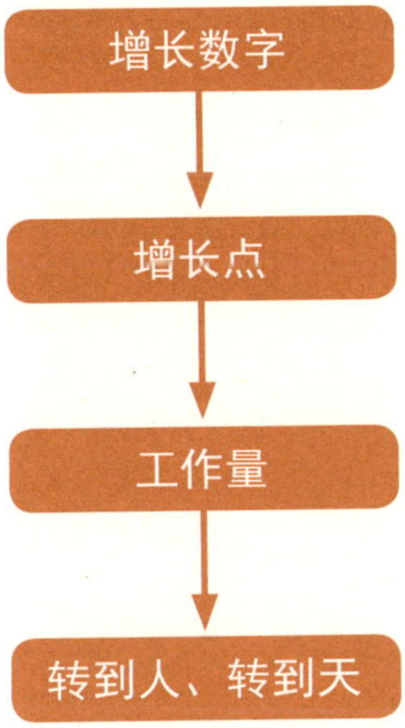

图 7

有一次，我和仙总去海南参加论坛，到虹桥机场，坐在边上的仙总就说，手下一个主管没有给她发短信。他们之前就约好，每天必须要把当天的业绩数字以短信的形式发给她，但是今天她没有收到短信。

下了飞机，开手机时已经晚上 12 点了，仙总一个电话就打过去，对方接了电话。仙总立刻就说："李总，短信！"然后，行李都没有取，20 分钟的时间一直在沟通当日数字有没有达标，还有哪些困难。李总作为主管，为什么没有上报当日的数字？可能是他手下的负责人没有及时上报，或系统出了问题。，但是，日经营就是要一抓到底，必须养成习惯，当天追着要结果。可以赚可以赔，但是不能不知道。

我们发现，很多企业都是以月为周期，而我们强调的日经营是到人到天。每天盯死 80 万这个目标，一旦有了这个数字，就盯着完成了没有，完成了就表扬，没完成，就问有什么我们可以支持的，再次 80 万，80 万……到了第 2 周，再次围绕这个转。一转眼，到了下周，就直接问，上周的 400 万完成了没有。

这就是所谓的要有数字，形成体系后就不是人管人，而是目标管理人，用这个指标来推动转速。很多公司把目标也分解到了月，但是仅仅在月度的绩效会议上看目标完成了没有，并没有转速。

所谓的日经营，必须要用晨夕会，还有日志本，叫两会一本，转起来。

机制只是人的心脑脚中“脑”这一点，设定达成目标之后将给什么奖励虽然很重要，但不是全部。很多人把日经营变成每人每天的日目标，再加上奖惩激励措施。仅仅突出了机制的问题，忘掉了人其实是个综合体，只是给钱，是不够的。

日经营，不仅盯目标，还包括关注时间和方法，最大的关键点就是要到人，到人还不够，还要到天，就是要每日五项管理。

张瑞敏曾经说过一个他的发现：“如果训练一个日本人，让他每天擦六遍桌子，他一定会这样做；而有些中国人开始会擦六遍，但慢慢地觉得五遍、四遍也可以，最后索性就不擦了！”这个论断可谓一针见血。许多人做事最大的毛病是不到位、不认真，每天工作欠缺一点，天长地久就成为落后的顽症。

抓管理要持之以恒。管理工作是一项非常艰苦而细致的工作。管理没有一劳永逸，是动态的、永无止境的，每时每天都要持续地修炼。

人是一切增长的根本

中国文字很有意思，企业的“企”字，是由“人”和“止”组成的，没有“人”就停止了，“组织”是由人构架起来的，因此增长的关键在“人”。

人体如果内分泌失调，脸上会长痘痘。如果只在痘痘表面涂药膏，就只能从表面上解决问题，痘痘消失了还是会长出新的。但是如果加快人体的血液循环与调节内分泌，痘痘就会减轻甚至消失。

企业的各项业务，如销售、采购、生产、服务等业务，我们简称为“事”，企业各种层出不穷的问题，就像痘痘。很多企业管理者最关心的是“事”是否做好。围绕表面问题抓管理，就永远有抓不完的事。不要忘记，所有的“事”，不管做得好还是做得差，都是“人”做的，因而企业管理的焦点应该放在“人”上，而不是“事”上。

如果把精力放在理顺“组织”，增加血液循环，促进内分泌，企业最终就可以抓好增长，从根本上解决问题！

所有的“事”都是人做的，管理就是管人。而人是什么？就是心、脑、脚的结合体。

心：心态。心态＝统一思想，所以企业要坚持心态管理，进行文化建设。

脑：大脑是“总指挥”，企业要管理好员工，就要有设目标的主见。管理痛点有三点：第一是目标感不强，目标不会分解；第二是没有分解到人到天；第三是缺乏有效的方法。

脚：脚是行动力、执行力。企业想迈入正规化、快速增长的轨道，就要高效协同、步调一致，这样才能实现企业的战略目标。

组织是由人构成的，如果人出了问题，就是人的心、脑、脚出现了问题。

日经营就是对人每天进行五项管理，就是创造每人每天最大的价值。人才是组织效率和执行力好坏的根本，更进一步，人才是一切增长的核心。怎么做才能持续增长？事是人干的，钱是人管的，所以管理的核心是管人。管人是管理的重要内容，而且是非常有难度的工作。

心——状态、观念、士气

1. 状态：身、形、意合一

调整心态包括调整状态、观念、士气（见图 8）。调整心态首先要从调整状态做起。一日之计在于晨，良好的精神状态是高效工作的前提，主管要利用好晨会，宣导正能量，增强员工的信心。

图 8

我们行动教育集团多年来一直使用“认真、快、坚守承诺”这些词来强化我们的理念，每天早上都大声喊出，同时手做出向下切的动作，起到很好的调整状态的效果。这样一天的时间，我们在与他人相处时，不管是工作还是去见客户，都用饱满的热情去工作。

而且我们强调，要选择正向的字眼，时时使用积极性的字眼，它们最能振奋人的情绪。

这方面，日本的江本胜博士著名的“水知道答案”理论足以佐证。

在江本胜博士的实验中，向水展示如“爱”、“和平”这类正面字眼时，便呈现出漂亮优雅的结晶；相反，展示“愤怒”、“希特勒”这类字眼时，水则呈现出恐怖丑陋的结晶。而我们人体内水的含量高达 80%，所以，现在就让我们从说正面积极的字眼开始，凡事往积极的方面想，保持积极心态、阳光思维，这样，我们就会对自己、对事业和前途充满信心。

有了这份自信和乐观，我们就能奋发进取，就总能为自己的成才进步营造积极向上的心理空间；积极的心态导致成功，成功导致更积极的心态，从而使心理和行为始终处于一种良性的循环中。

有一次李践老师对我说过一个案例。有一个在一家世界500强企业技术岗位供职的核心高官问李践老师："下属不服我，该怎么办？"李践老师就说："下属不服自己的老大，估计有100个原因。但是，我们把它归到心态问题。心态问题心态解决。"李践老师接着对他说："可能是因为你是做技术出来的，气场上常常不够强势。我就告诉你一个办法，每天对着镜子喊200遍'勇敢，强势'。你先做一个月试试。"

一个月后，李践老师问他效果怎么样？他高兴地说，还真有些作用。

我举一个案例，是我很喜欢的一个美国体育电影里的故事。一个高中橄榄球队在周末就要对抗另一个强队。训练期间，一个队员问教练，我们跟那个队比起来怎么样？教练没有回答他。坐在前面的队长摇头说："不行，没戏，我们差对方太远了。"教练就说，马上就要比赛了，作为队长，怎么能有这样的看法。我们还需要比吗，干脆别比了。一个任务来了，教练如何在最短的时间内扭转队长的心态，扭转他的认知？教练用了"死亡爬行"的方法，让队长去挑战，蒙着眼睛，胳膊肘什么的不能着地，背着另一个队员往前一步步地爬，看他能爬出多远。

在这个过程中，每当队长要放弃，教练就不断用正向的字眼激励地，大声喊了“对的，就是这样！”13次，“加油”15次，“别放弃”23次，“继续”48次。我们看到，他的激励技术，其实就是这几个重要的字眼。尤其是“继续”喊了48次，超过上面字眼所有的总和。

在说这些字眼的过程中，教练精力非常集中，把身体动作也加入其中，从刚开始只是站着说，到最后趴在地上说，后来拍着草坪，敲着地面喊。动作、身体、声音和意识，各种感觉都夹杂在一起，直击队长的心。

最终这位队长身上背着一个体重140斤的队员，一口气爬完了整整一个足球场的距离。

由此可见，只要我们改变日常使用的字眼，用积极正向的字眼来调整自己的情绪，同时身形意合一，便会在短时间内有很大改变。

2. 观念：一条心

心态管理的第二个层次是观念，比状态更深入。观念需要沟通，这一过程不是在心态上完成，而是在目标管理里完成。企业如何实现增长？要让员工在观念上首先与企业成为利益共同体，沟通过程中，让员工学会心态转换。

成功的人都善于转换心态，他们把挫折当成累积经验，把压力当成前进的动力，把障碍当成磨砺。赢得人心才能赢得人生，作为一个企业管理者，只有赢得员工的心，企业才有凝聚力和生产力，才能生存发展下去。

经营企业的诀窍，无非就是把员工脑袋里的“你们”，有效地转变为“我们”。无论用什么办法，就是要做到上下“一条心”。

如何才能做到一心？“运用之妙，存乎一心。”是岳飞用兵谋略的真实写照。他一生指挥的著名战役就有几十次。由于对兵法精髓的独特领悟与对战场实际的恰当把握，他完全可以跻身中国历史上少有的常胜将军之列。

岳飞打仗很厉害，他的领导是宗泽元帅。岳飞善于直接打仗，不善于布阵。而在北宋末南宋初，对抗的金国都是骑兵，用步兵对抗骑兵，似乎更重要的是布阵，让敌人闯不进来。宗泽就劝岳飞，说鹏举啊，我觉得你打仗很厉害，但是你布阵的水平真的一般，你应该在布阵上狠狠强化一下。你的兵法要诀是什么？

岳飞说:“运用之妙,存乎一心。”意思就是,哪有什么固定的阵图，一位将领应该根据战场的实际情况，灵活地排兵布阵，一切就是两个字“一心”。无论用什么招，只要下属和上级一条心，大业就成了。

怎么才能做到一心？我们来看三国时代的将领都怎么做的。

曹操雄才大略，用头脑征服对方，服了，能做到一心。孙坚、孙策、孙权，三个人互相都是亲戚，他们相互联姻，成了一家人，也能拧成一股绳，促成大业。

刘备既没有雄才大略，也没有亲戚联姻，他怎么和下属成为一心呢？他深知哭也要哭出一条心来，只要上下一心就能赢。到了哭都不管用的时候，刘备就使出撒手锏，曹操和孙权就只有佩服了。看过《三国演义》的都知道这招学起来太难了，就是陪你“上床”！跟关羽、张飞，白天商量战略，到了晚上继续聊，一个月一个月这么干，仨人都不陪老婆，在一起食则同席寝则同榻。然后紧接着赵云也来了，再次同榻而卧，诸葛亮一来，还是食则同席寝则同榻。

有位企业家分享的时候就说，招人就是喝一回，赌一把，睡一觉。意思是先喝一顿，看酒品；拉到澳门赌一场，看赌性；再睡一觉，安排到大标间里，观察细节习惯。这种很粗放的考核办法，有时还挺管用的。

与下属的观念沟通，我们强调还要有方法，建立起一种共同的组织语言，否则，工作就没法开展。一次有个企业家带着整个高管团队来听课，听课的间隙，他们在会议室里面讨论。讨论过程中，争论了起来，声音大得我们在大厅都能听见。我们发现所有高管围攻这位企业家，就是不许再听课了。

其中有一个高管说：“老大，你每次一听课，回去执行后不久，我的下属就走一个，你再这么折腾，连我都要跑，我们能不能别这样！”

这些高管给他们的老板取了个外号叫“管理变革迷”，这就是没有形成统一的组织语言的例子。

3. 士气：打出士气

心态的第三层，也是最终极的，就是需要打出士气。士气不是沟通出来的，是打出来的，每周、每天都要打。

作为领导，一定要成为公司的士气标杆。领导怎样把自己的士气传递出去呢？

起码要有一个场合，或者说要有一个舞台，每天把不放弃的故事传播出去。这个场合就是晨夕会，一定要在晨夕会当中，让内心充分地展示与释放，否则在员工真正训练管理中作风就不会有。没有士气，各项训练还是什么？假的。

就是很大的一个工作去围绕目标来做观念沟通。最终极的心态，组织的心态叫士气。士气不是沟通出来的，士气是打出来的。每月、每周、每天都要冲着一个目标，长时间在竞赛中冲击，团队就会有一种杀气出来。

在服务客户时，有企业家问我，他的员工工作不积极，他想了很多的方法，请了心态的老师去培训，但两三天后又恢复到老样子。他说他现在很苦恼，不知道如何去改变员工的态度。

这些年，我悟透了一个道理："人是不可能被别人改变的，除非他自己想改变。"但一个人会被别人影响，如果他在一个积极的环境里，时间久了就会被这个环境影响，慢慢会变得积极，这是彻底改变员工态度的最佳途径。

在管理实践中，我们发现管理者可以通过一些具体的行动去调整员工的态度。我们把这些管理心态的行动称为"经营士气"，我们把抽象的心态变成具体的管理动作。例如，在五项管理中，我们每天会花五分钟来调整心态，其中三分钟是员工成功案例分享，两分钟是总经理做士气激励。每天到时间就做，久而久之，这个管理行动就把团队的氛围调动起来了，这个氛围会影响员工一天的工作态度。每个员工的态度加起来就变成了团队的士气，士气起来了，业绩也就起来了。

我把经营士气作为我核心的管理工作，我们团队的每个管理者也因为经营士气持续提升了业绩。

脑——目标、时间与学习

这里的脑，指的是定目标，通过学习目标管理、时间管理来管理人的意识与思维。

受重“管”轻“理”思想的影响，我们的社会历来都很重制度、轻程序，表现在做事情上就是轻过程、重结果。

要想时针走得准，就必须每天都控制好秒针的运行。如果过程不对，就得不到预想的结果。所以，脑的工作，每天都要做，而且长期要做下去。

我们说时间管理是目标管理的延续。很多人把执行的项目和结果混淆起来，与 10 个客户见面，只是项目；1 亿日元新订单才是结果。会见 10 个客户，或与 1 位客户见面，怎样都行，即使一个不见也可以。为了达成结果所采取的行动无关紧要，重要的是成果或结果。

只有事先对所布置的工作进行全面规划，让执行者知道做什么（明确工作职责）、为什么做（明白工作的意义）、怎样做（做事的方法），做到什么程度（工作标准），这样才能保证执行者达到满意的工作效果。

有一次，我在晚上接到一个招商总监的电话，对方说新发展的某地的代理商听了我的日经营课程，很受启发。招商总监得知了这个消息，回去后把这个消息与伙伴们介绍，伙伴们都很兴奋，筹备着要推出一个企业家论坛课程。

招商总监就征求我的意见，问我说，您能否支持一下？

我听了对方的叙述，就思考这个临时性的事情，未在我的安排中，那我是去还是不去？

我基于以下三种考虑：

代理商的要求，我要不要支持？当然要支持了。

我们的伙伴能够积极地走出去帮助我们邀约企业家，我当然也要支持伙伴。

企业家当中提到我们组织增长的这个体系非常好，想与我交流，我的工作就是服务企业家啊！那是不是必须要去？

不一定！

如果把这次论坛邀约的总经理人数分为 A、B、C 三个层级，A 类为最多的话，C 类是最基础的数字，我们说，如果仅仅达到 C 类的基础数字，我就不要去。

这是因为既然我的伙伴对我进行了时间管理，让我留出了一部分的时间，同样，我必须反过来要对他进行目标管理，要做就要做最有价值的 A 类事项。因此，即便招商总监与营销线的伙伴只能把邀约人数做到 B 或者 C，也要想方设法地敦促他们把人数追加，最终推到 A 类级别。

我是这样问的，既然招商总监、代理商、伙伴们都这么兴奋，请问你承诺你能邀请到多少总经理来参加课程？还有，你能帮助代理商达成多少合作协议？

很多人又要问了，如果听课人数没有到达基础数字，作为公司的代理商，应不应该支持？作为导师，应该不应该积极服务企业家？

从道义的角度，当然都应该去服务。但是给企业家上课与经营企业一样，都应该以结果为导向。后来，代理商成功地让企业家上课人数达到开课的 A 级数字。我又对招商总监说：你们预计，最终能帮助代理商达成多少合作协议？

招商总监就反馈了，王洋老师，不好意思，这次的情况比较特殊，我们的目标没有定。

我就问了，为什么目标没有定？

对方回答说："这次邀请到的企业家，不是业务伙伴召集来的，都是一位企业家本人的人脉，这位企业家特别愿意听各种课程，在这些课程上还担任了班长，因此，成交的指标由于没有具体接触，并不了解实际情况，所以很难执行下去。”

我说：“不行，必须有执行目标，没有具体数字，举办这个论坛成本都没法打平。为了有合理的投入产出比，一定要有挑战目标来分配任务，如果没有把这些成交目标数字压下去，最终很可能没有成果。”

我们会看到，假如不做目标管理，课程的几天时间里，营销伙伴做的都只是时间任务量的工作，而不会为了成交全力以赴地拼命。比如说，他们会 7 点 40 分全部列队检查后，在一边候场，彩排如何鞠躬、服务等细节，而对最后能成交多少客户却没有预估。

员工在有压力和没有压力的时候，状态是完全不一样的。有目标，如果没有达到，我们可以事后检讨，随时跟进，是哪个方面没达到。永远都要先有数字再干活，没有定足数字，任何动作都不要做。按照数字来分解工作，必须确定有多少意向客户数，有多少名单，筛选出最终能有多少可以成交。

围绕增长数字分解到工作量，然后到了那一天切实地把目标转下去。显然这次是管理者没有把目标安排下去，只对工作做时间管理，却没有做最重要的目标管理。

企业要以利润为导向。很多企业家总是苦恼，自己明明很忙，但是却没有成果，到底为什么？

原因就是因为总是有人给企业家做时间管理，管理他的时间，而企业家自己却没有给这些下属、合作伙伴们做目标管理。而我们说，决定一项工作之前，在做时间管理前一定要做目标管理。

在上面的案例中我们看到，因为没有目标管理，最终，所有的伙伴很难有出单的业绩，而他们会为这种失败找出很多理由来开脱，质疑老板、质疑公司。没有成交的原因，员工会说出一堆来，公司的战略有问题、产品定价太高，问题让老板解决，请公司再多花些钱，却不会反思是因为自己不努力。

最终的结果是公司负责人整天忙于救火，利润却没有增长，员工业绩做得少，没有钱赚，只有离职，演变成公司与员工双输的局面。

所以，在脑的这个环节，大道理管住小道理，一定要先做目标管理，再做时间管理。在这个过程中，要围绕数字目标塑造员工积极进取的心态，围绕数字目标增长来做到人到天的分解、推进。

脚——执行力

脚是执行力，是推动日经营每日不断地更新的行动管理。眼下，企业战略规划、赚钱的方式靠单纯拍脑袋想出来已经远远不够，更要靠“脚”的行动——强执行力的推动来实现。

行动管理的一个痛点就是，执行力不够和不知道该怎么执行。

有一次一个企业家告诉我说，王老师，我现在在学习阿米巴。

像这样学习阿米巴的企业不在少数。那么，什么是阿米巴？所谓的阿米巴精神，通俗的话说就是每人每天最大价值。我用一个术语来表示，就是最短时间内，最小考核单位的最大价值。

最短时间我理解为每天，最小考核单位，要么是人，要么是小组，要么是部门，用通俗的话来说，就是高增长到人到天，这就是阿米巴的精髓。

到人到天，是把一个管理单位变成管理动作的两个渠道，一切管理到最后，这就是精髓。一个外行怎么能管理内行？很简单，日航的稻盛和夫就是个案例。

众所周知，航空公司成本非常复杂，但是他管理日航期间，可能一个月就到公司两天，但随便抽出每一天的指标，都可以考核。

比如说，当时他分析，日航最大的经营困难是什么？是航班准点率太低。那么针对不准时这个指标，如何改进？他说：

第一，日航的各分支机构的老总，我授权给你们，你们有权限调拨航线。比如说日本也过春节，在春节的时候，航班运行是旺季，旺季里你们这些老总有权限，不用经过我的审批，可以调拨航班，以保证准点率提升。

第二，既然我授权给你们了，你们也有空中加油的权限，因为飞机起飞降落过程中最耗油，成本最高，空中巡航基本不烧油的，是一个滑行的过程。但是如果在巡航阶段烧油，确实能够加速。稻盛和夫说，只要你们发现你们所负责的航线晚点率达到一定程度，你就可以烧油把时间赶回来，我授权给你们。

稻盛和夫授权给空姐空少，由以前推一次餐车改为推两次餐车，乘客可以多享受一次服务，提升乘客满意率。

对行李员，稻盛和夫的要求是天下雨，行李标签上不允许沾到水。《朝日新闻》的一个记者采访时就会发现，日航行李员在后台跪在那里，把标签擦干净，不由得发出感叹："我跟日航跟了20年的新闻，第一次看到日航的行李员居然都跪着擦标签，就这一个指标我就知道它能够重新崛起。"

由此可见，破解"花钱买不到好业绩"的方法是把人当成一切增长的根本，从心、脑、脚三个方面入手，每日持续推动，真正把有效劳动落实到每人每天，最终推动企业高速增长。

DAILY OPERATION

第七章

落地方法：每日五项管理

第一节

每日一转，转出利润

明白了日经营的道理，那具体该如何落地呢？

每日一转的日经营系统，具体来说，就是强调每人每天的最大劳动价值。优秀企业，基本上都会把日经营做到位，每天促进学习成长，推动行动，养成惯性和习惯，用会议经营、报表管理，做好每日一转。

有人问，为什么每天都要转？

这是因为每日一转，可以让企业每天都对效率反思，财务对账，账不对了就要找原因，非找出来不可，明天必须改进。每天这样的有效劳动累积起来，创造出的价值不同凡响。

很多企业目前还不明白这个道理，在追求效率的路上，一味地赶时间追进度，认为这就是高效，完全忽略了“转”这个动作！

经过我们的观察，一个月能转一次的企业，通常就是一个合格企业；能够一周转一次的企业，那绝对就是优秀的企业；如果能够做到每日一转的企业，那一定不会出这个行业的前三甲！

通过军队、宗教、到了晨会的神性，以天为单位来开展。落到人上，是心脑脚的五个管理动作，真正的到天开展，是每日的五项管理。

如何推动每日一转，到人到天，进行心、脑、脚的五项管理？

有一次我在深圳开课，认识了一个在沃尔玛的高管。在吃饭的桌上，我请教他，张老师，你们沃尔玛也开晨会吗？

他答：开，而且还挺重视。

我问：那说说都如何开的呢？

他说：我们都是首先汇报。第一，昨天目标是多少？第二，昨天达成多少？差距是多少？第三，今天如何改进？今天的工作重点，就是时间管理；如何改进，就是学习管理。

他们的早会选择在楼面的一个位置站着开，而不是在固定的办公室里开，时间都控制在30分钟之内。站着开是为了节省时间、提高效率。早会开始和结束的时候，所有人都会喊口号。深圳公司沃尔玛的口号就是：“我们就是沃尔玛，天天平价沃尔玛，顾客第一沃尔玛，沃尔玛，沃尔玛！”

也许，很多企业还没有明白晨会的价值在哪里。下面我就给大家进行详细讲解。

首先，晨会以口号为开始，口号结尾，抓的是心态，鼓舞的是士气，让员工从早上工作之前，就能用积极的心态、饱满的情绪，准备好投入一天的工作中。

其次，晨会体现了对目标的重视，并强调了反馈。每天开晨会，都要求有目标管理，宣讲“昨天目标达成情况，差距多少，改进多少，今天的目标是多少。”每一天的目标都在晨会中加以明确，保证在工作中不发生大的偏差，也保证如果出现偏差，能得到及时校正。

最后，坚持开晨会本身，就是行动的一种体现，是全员学习，也是全员改进。每天开晨会或者每周开一次晨会，总结优点缺点，及时改正错误，实现决策的及时、高效和快捷。

除了每天的晨会，沃尔玛创始人山姆·沃尔顿（Sam Walton）做出了一个改变公司命运的决定：每周六早上召集员工在商店的办公室里开会，检查上一周的销售数字。

什么东西好卖？什么东西不好卖？销售与上一周相比如何？手中有了这些信息，沃尔玛就能快速行动。接下来决定要采取的行动。地区经理必须在周六中午之前给他的分区经理打电话，指示他们该如何行动或做出哪些变化。到了周六中午，一切纠偏行动到位。而大多数竞争对手差不多要到周一才拿到上一周的销售业绩。如此一来，他们就大大晚于沃尔玛。

在沃尔玛成长为世界最大零售商的过程中，晨会发挥了重要作用，并且至今仍然保留着。

要想成功，就要付出比别人更多的努力。沃尔玛通过这个会议领先竞争对手虽然只有数日，但效果却惊人。

在每日一转，转出利润的过程中，还要注意的是，宁要一个指标每日一转，不要十个指标每月一转。

“两会一本，每日一转”，其中更重要的组成部分是每日晨会的宣导。每天都有一个清楚的数字指标，清晰具体，分工明确，责任到达每个人的身上。

在晨会中，将销售收入数字作为指标，紧紧围绕这个数字，不需要用其他十个数字来表述。因为，每天测试十个数字很难，而每天测试一个实实在在的与增长相关的数字却比较容易。把这样的数字作为开晨会的主题，晨会中就会有“骨头”，言之有物，足够施加压力，起到了日经营的作用。

确定目标可以给员工施加压力。任何一个目标的达成、项目的完成，都必须有严格的考核评估，而每项工作的考核、评估、验收工作都必须严格参照指标，真正达到表彰先进、鞭策落后的目的。

在这个过程中，企业应该每天适当给员工施加压力，保持适度的、最佳的压力，使员工提高工作效率，激发员工的潜能与竞争意识，产生更多的责任感，进而提高整个组织的绩效，增加利润。

这对于企业和员工都是有积极作用的，也有利于构建良好的企业文化，增强员工对企业的忠诚度。

第二节

以农业心做商业事

有了每日的目标，还要有良好的心态，维持每日一转的速度。多年来，经营都强调用商业的心来管理，而我们则强调以农业心做商业事，就是要遵循商业规律，像种地一样来经营企业。

之所以把商业事比作农事，是因为浮躁是企业持续经营的大忌。企业经营肯定不是一场短跑竞赛，而是一场比耐力、比耐心的马拉松，再好的商业模式，都代替不了从春到秋的耕种。

俗话说，人勤地不懒，做好一家企业，就是能够以农夫的心态，既尊重大自然的自有规律，不做拔苗助长的蠢事，又全心投入，精心养地，致远耕耘。

就企业而言，就是透过表面繁荣的现象，看到内在基础的薄弱，能够不懈地耐心去夯实基础管理，把内部管理做扎实，改变墙上芦苇头重脚轻的经营状态。

面对急剧变化着的市场格局，当经历了创业激情带来的经营规模膨胀时，能否克制浮躁之气，耐得住日见平淡的管理考验，事关成败。

在这个过程中，管理要回归基本面，每天刨地，重视日经营，耐心等待成功的到来。

现在的年轻人有谁可以每天工作十六小时之后，还坚持学习？有谁愿意没有酬劳，但是仍然肯下班之后，走到工厂去查看客户所订的货物是否如期生产？这些都是李嘉诚曾经做过的事，也是他成功的基石。

当李嘉诚的两个儿子李泽钜和李泽锴到八九岁时，李嘉诚召开董事会时，就让儿子坐在专门设置的小椅子上列席会议。

兄弟俩开始觉得新奇好玩，瞪大眼睛，认真听父亲和各位董事讨论工作，有时大家争得面红耳赤，吹胡子瞪眼睛，兄弟俩吓得哇哇直哭。李嘉诚说："孩子别怕，我们争吵是为了工作，正常现象，木不钻不透，理不辩不明嘛！"

后来渐渐地，听到争论，两个孩子都习以为常。

李嘉诚回想时说，之所以让两个孩子早早地就听开会，是为了告诉两个孩子，经商根本不是像电视剧里面拍的那样光鲜亮丽，每个决策都是由每天无聊的会议、每日的经营打磨而成的。

李嘉诚在管理企业的时候，最注重的就是时效性。企业是没有能力去承担拖延带来的损失的。唯一的办法就是，今日事，今日毕。凡是能及时完成的工作他必然很快就付出努力。对于他来说，拖延浪费的不仅仅是时间，还有财富和荣誉。

李嘉诚还常常把表拨快十分钟，用勤奋占尽先机！重要的事情，早上提出下属下午就必须有决定或答复。假如下午发生的事非常复杂，则必须 24 小时内答复。

第三节

神圣晨会，严格召开

在前文中，我们一直强调的是“两会一本”，其中晨会最为重要，为什么这么说？

我认为，古往今来，晨会都有着神性，不仅体现在其庄严的仪式感，更体现在其对每日工作的推动上。

晨会的仪式感

古人说“欲戴王冠，必承其重。”让我们来看看古代的早朝是什么样的。

御门听政是历代较有作为的帝王处理政务的一种形式，因在清晨举行故又称早朝。凌晨 4 点多，养心殿后寝宫里已经有了动静，皇帝要起身了。等室内有灯光亮起，当班的太监宫女就都得打起精神，准备服侍。

明代的早朝，大臣必须午夜起床，穿越半个京城前往午门。到凌晨 5 点左右钟声响起时，宫门开启，百官依次进入，过金水桥在广场整队，每日必修，严肃而隆重。午门之外，文武朝臣经常要揉着眼、打着呵欠，在晨曦里，跺着脚，驱赶寒冷。

许久，有太监拿了一条鸡蛋般粗细、用黄丝编织而成的大鞭，鞭梢涂蜡，打在地上很响，啪啪啪地三声“鸣鞭”打完，目的是警告众臣：皇上即将驾到，重要典礼就要开始，大家要立即安静。

紧接着，鸣钟后大家赶紧抖擞精神，按文左武右列队，鱼贯进入。

这时皇上也在太监和宫女的簇拥下踱着方步，走到属于自己的龙椅上，端端正正地接受文武百官的三跪九叩大礼参拜。

一套烦琐的仪式完毕，太监尖着嗓门大喊一声：“有本奏，无本卷帘退朝！”于是大小臣工依序出列，把自己要处理的事情向皇上启奏，静候皇上定夺。

参加朝会，是古代在京命官每天按时上班的第一要务，凡无故缺席、迟到早退，或朝班失仪，都属于违纪，历代均有处分条例。唐代起，凡盛暑、雨雪、泥潦，酌免朝参，谓之“放朝”，这一制度为以后历朝沿袭。

除了皇帝的早朝，学校中，大家到操场上排队敬礼唱国歌升国旗，军队中的早操，都有很强的仪式感。

在公司，晨会也要有仪式感。领导必须出席。领导本人重视，员工才会重视！大家都重视，凝聚力才能体现出来。

晨会的神圣性

晨会的神圣性，就是晨会的神性原则。在一家企业的日经营中，就意味着全体员工都把晨会当作一件极为神圣的事情来做。

企业无论做得多大，都要坚持“黎明即起”、“洒扫庭除”。人能够早起，那他一天就能多很多时间出来，他的时间会宽裕，一天的规划就不会凌乱。曾国藩也曾讲过，看一个家族能不能兴盛，可以看以下三个指标：

第一，看子孙睡到几点？

第二，看子孙做不做家务？

第三，看子孙读不读圣贤书？

“洒扫庭除”指的就是勤做家务。一个人的勤劳对修炼心性有哪些影响？勤劳的人会有责任心，能体会别人的辛苦，感恩他人。因为他常常做事，他能设身处地地想到别人的不容易。这个都是勤奋对他整个心灵的影响和改变。

我国的寺院，常常是冬季凌晨四点半，晨钟敲响，斋堂灯亮，早殿就开始了。晚上也是如此。在每天的晨钟暮鼓之间，所有的出家沙门都会集结在殿堂里，或站、或跪、或拜进行佛事活动。

这就是出家人每日必修的早晚功课，也称为课诵。之所以这么做，是因为清晨，起床后第一件事情，诵经修持，有净心培养道念的作用；而晚上的功课，更能提醒自己日月如梭，修持需精进。好逸恶劳是人的天性，所以要日日提醒，时时提醒，从早到晚，都要修炼。

修行如此，企业要快速发展，又何尝不应如此。面对瞬息万变的市场，很难建立一个包罗万象的流程制度，但是管理跟不上又可能导致企业崩盘。早会制度就是内生于中国企业、适应中国经济发展形势的管理制度。“一日之计在于晨”，许多优秀的企业家都数年如一日地坚持开晨会。我们看看京东的晨会如何开的。

在京东集团，每一天的工作从晨会开始。在京东的管理层看来，晨会制度意味着高效。

因为在组织架构上，当企业部门化之后，部门之间的沟通就没有那么密切了，很多管理者可能集中关注自己分管的部门，对其他部门不太了解。公司领导层的决策和需要实施的规定就可以通过晨夕会这个平台特别迅速地发布下去，各地遇到什么特殊情况、需要总部支持什么，也可以迅速地提出并得以解决。

相比公司内部系统或者邮件通知，晨会增加了面对面的接触机会，更多的互动对于沟通和情感上的信任会更有帮助，也能够更迅速得到反馈。如果有什么项目需要跨部门商讨的话，大家就会利用早晨的时间，约好在晨会后什么时间进行进一步沟通。

对晨会的误解

团队晨会是一天工作开始的最重要的点睛之笔。对于一个团队而言，难就难在现场管理，特别是销售团队，基本都是遥控管理。要想遥控不失控，就必须遥控变现控。销售人员什么时候在你身边？就是早上和晚上，这两头抓不住，一天的管理就失控。

同时，要注意的是，晨会要以绩效为导向，而不是以问题为导向。以绩效为导向的晨会才有积极意义。绩效的反义词就是例行，例行是每天都在重复做的工作，绩效就是指今天做完之后状态和结果已经有了突破，和之前不一样。

晨会中常常看见主管这样说："大家有什么问题都说说吧。"往往这一句话后，晨会就成了牢骚会，于是大家争先恐后地讲问题、讲困难："我们的价格高，我们的产品客户不接受，我们营销经费少，我们人员不够……"好像谁讲出一个问题能把领导难住，谁就厉害。

所以，开晨会不要问大家有什么问题，而是让大家挨个站起来汇报昨天的绩效。以绩效为导向的晨会才有积极意义。

目前，只有不到 50% 的企业保持召开晨会的习惯，而这些企业的晨会，大多也只停留在单向的沟通，或者只是简单安排一下工作。有些形式非常随意，有些直接演变成了点名会。

晨会流于形式的主要原因可以概括为以下几个方面：

公司决策层对晨会没有提高到战略的高度，既没有晨会管理制度，也没有对晨会形式、内容等做统一的要求，更没有衡量晨会质量的标准，因此出现了各自跟着感觉走的局面。这样的管理者认为晨会无所谓，没有意识到晨会的作用和对自己管理的重要性，只是在例行敷衍。

有些企业虽然数年来一直在召开晨会，但从不对晨会进行检查、监控和总结，更没有配套的奖惩措施，久而久之便流于形式。

有些晨会只是一种单向会，主管一言堂，渐渐地员工也就失去了兴趣。

正确的晨会流程应该是：一分钟心态、一分钟目标、一分钟宣导。一分钟心态，是各成员逐一汇报昨天重点工作完成情况（只说结果，一件事一句话概括，对没完成的当众承诺二次完成时间）；一分钟目标是确定当天重点工作内容（可以考虑控制在 3 件事以内）；一分钟宣导是个人汇报完后，主管要对其工作情况进行点评，同时落实、安排给他的工作进度。

好的晨会应该以会代训，通过晨会每天贯彻企业理念、价值准则，展现公司年轻、朝气蓬勃的精神面貌，促进所有人员思想价值观的统一。

晨会时有四项必须做到，第一项是背诵司训，或者唱司歌；第二项是目标推进（包括用数字形式的喜讯通报）；第三项是汇报生产销售的进度，对相关事项做宣达；最后一项是士气口号的宣导。

按以上步骤召开的晨会，一般在 15 分钟以内就能结束，基本能够达到管理者的预期。

晨会不是讨论会，不汇报工作内容，只简明扼要谈工作结果，不解释原因、困难。凡只牵扯个别人、耗时较长的，一律会后解决，成员之间可以自行协调解决的，也不得提报晨会。

"四人取经"——二次晨会中如何培养出干部

在召开宏大晨会之后，每个部门还要召开二次晨会。二次晨会的内容，可以是经验或教训总结，也可以是学习心得分享。实际上，二次晨会还肩负着一个重要使命：培养干部。

二次晨会中，可以针对不同员工的特点，依靠不同的方式，筛选人才，培养骨干，发挥人才最大价值。

二十年前，一个台湾企业家告诉我，可以把员工分为四类（见图 9）。

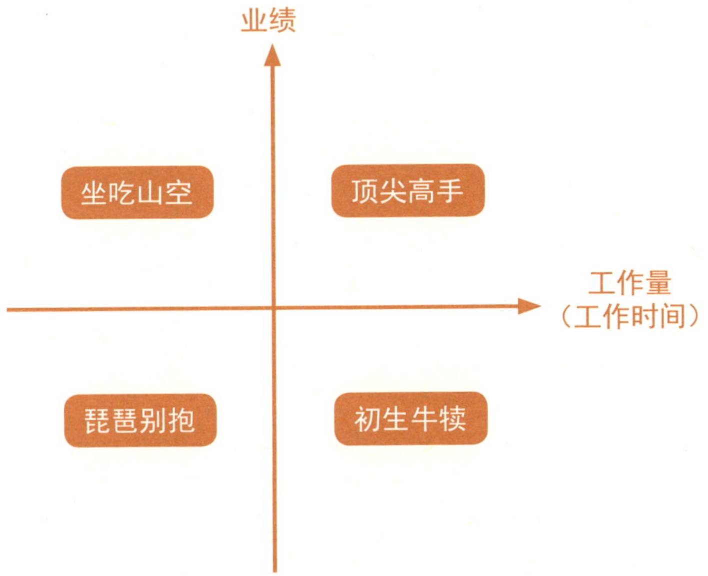

图 9

横坐标为工作量，纵坐标为业绩，这两个都是可以量化的，如果不能量化的就用工作时间代表工作量。其中工作量高、业绩也高的为顶尖高手，能干、出活、能力又强。

第二类为初生牛犊，工作量高但是业绩不行，意思是指新来的小伙伴肯干勤奋，但是能力还不够，经常达不到最终结果。

第三类为工作量已经下滑了，但是凭着功力还能略微超过考核指标，工作也经常不加班了，但是还能出业绩，这个象限里面的员工，我们称他为坐吃山空。

第四类为琵琶别抱，工作量低、业绩也差，这样的员工已经想离职。

针对这样的四类人，要采取四种不同的管理方法，对于顶尖高手要用三招，第一招是极力地赞美他，第二招是指派任务，第三招是奖励推动。

对于初生牛犊用的也是三招，第一招传授技巧，第二招安排分享，第三招是加强演练。

对于坐吃山空的员工提两条要求：第一是工作展望，第二是职业生涯规划。对琵琶别抱的沟通愿景或解职，勿影响团队。

为了加强记忆打一个比方，您带的团队无论是大是小都比喻成西游记取经的四人团队。

在这个取经团队当中谁是顶尖高手？应该是孙悟空，工作量高业绩也好。谁是初生牛犊？是白龙马。为什么这样说？取经团队中工作量最高的是白龙马，但是因为没有什么业绩，让人印象不深刻，但是他是可以培养的，因为他作风正派，不像唐僧其他的几个徒弟，偷东西、抢东西。

沙僧我们归类为坐吃山空，为什么这么说？唐僧之前取经的人过流沙河的时候都被沙僧抓住吃了，猪八戒、孙悟空都干不出这样的事来，沙僧可以干出来，这个是够狠。

为什么判断沙僧其实是坐吃山空一类的员工？沙僧心里有恨，他不像大闹天宫的孙悟空、调戏嫦娥的猪八戒那样罪有应得，任劳任怨的沙僧只是打翻一个杯子，居然受到了这么大的惩罚，因此内心是有恨的。

所以，孙悟空抓妖怪经常宁愿拉着猪八戒也不愿拉着他，用郭德纲的相声来说，沙僧是最好演的，只要两句台词，第一句“师傅，大师兄说的对”。第二句是“师傅，大师兄会来救我们的”。

如果管理中遇见这些员工，应该怎么管理呢？

对孙悟空这样顶尖高手的员工，主张就是极力奖励、推动。总之一句话，抓结果别太注意过程，因为顶尖高手都能对这个过程完全掌控。一抓过程，会失控。

我们试想一下，唐僧有没有可能这么管理孙悟空？夕阳西下的时候，他对孙悟空说：“悟空啊，我最近观察了一段时间，我觉得你以后最好这么抓妖怪……”如果你是孙悟空，你会怎么想？你个唐僧，你还来教我怎么抓妖怪，你自己整天被妖怪抓来抓去，整个团队最大的包袱其实就是你。没有你的话，我带领哥们几个西天都飞几个来回了。

企业家们，其实你们的很多顶尖高手的下属就这么看你的，他们认为这个团队之所以能取得业绩就是因为他们，每一次之所以没有取得更好的业绩就是因为你们没有听他们的。一旦业绩不好他们就会想，我早说了，老板就是不信，偏要这么干，所以，再次证明我是对的。

因此对于顶尖高手这样的员工我们得抓结果，要激励他，说“悟空我们全靠你了”。第二个是指派任务，就是反正目标是去“西天取经”，如何过山、趟河全是你的事，领导不管。第三个是奖励推动，到了西天你就修成正果了，只抓这三个目标，其他的过程全部忽略。

所以，我们才会看到，《西游记》中，孙悟空刚开始投奔唐僧的时候，唐僧还太年轻，沟通起来太吃力，打死了一个老虎唠叨他半天，打死了一个拦路强盗又唠叨半天，试想，底下的高手们谁会听你这个？

这种管理方式，弄得悟空这样的高手动不动就要和他决裂，到了后来唐僧就成熟了，明明看到悟空打死的是一个人，他不管，悟空说妖怪就是妖怪，我的目的是去西天取经，双方就磨合好了。你要注意，对孙悟空这样的顶尖高手就得这样安排。

对白龙马，则需要传授技巧，安排分享、加强演练，抓的是过程，别催结果。在团队中，这样的员工不是不想得奖，他是根本得不了，越是强调激励措施，越容易急躁。

对初生牛犊要随时鼓励他分享，塑造荣誉感，因为一个员工进入公司的头半年是他的职场价值观形成期，在这个时期要激励他，否则的话，成了“老油条”，他就天天谈钱。

坐吃山空的员工，工作量严重下滑，也不愿意加班，考勤踩点来踩点走。但如果连考勤都出现问题的，就不是坐吃山空，而是琵琶别抱。

我们探究一下，坐吃山空的员工从哪儿来的？原来的高手现在坐吃山空，这种人有能量不消停，最后不行，一定不会说自己不行，一定是说公司和领导对不起他，他会散布灰色的东西，因此对坐吃山空的员工要预防为主。为什么会坐吃山空？

一是公司跟不上他的发展，他还胸怀大志，领导已经是小肚鸡肠了，只能坐吃山空，否则就走了。更多的时候是他跟不上公司的发展，公司在进步、在战略转移，他自己跟不上，但是他绝对不会认为自己跟不上，而是认为公司不对。

因此，如果已经出现这种状态，就要与他进行工作展望。这种人有能量，别再纠缠过去的恩怨，大家都想做好。

然后进行职业生涯规划，要重唤他的工作热情。

最后对琵琶别抱这样的员工要沟通愿景。询问他还想不想干，如果不想就解职，别影响团队了。我们把这个叫谈话走人，对这一步该做就必须做，对落后的包容就是对先进的惩罚。

通过晨会，特别是晨会的每日推动，我们可以对企业的人力、财、物等有限的资源进行最佳分配，达到晨会出人才，企业增利润的目的。

最终，无论是大晨会还是二次晨会，都必须坚守一个原则：严格召开，而且一把手要亲自抓。唯有如此，才能真正体现出晨会的神圣性，从而有利于“日经营”的真正落地与执行！

后记

DAILY OPERATION

“日经营”系统，是我们从事企业经营管理近 30 年的实战经验结晶。近 7 年来，我们不仅通过图书、音像产品传播这套经营的理念、方法系统，还以“一对多”的课程形式，先后帮助数万名企业家走进我们的课堂，系统、实效地学习“日经营”系统。此外，我们还深入企业内部，实际调研和辅导，将这套系统进一步落地、导入。

在此过程中，我们欣喜地看到不少掌握和运用“日经营”系统的企业，业绩得到不断提升，利润实现高速增长。他们的感谢和取得的成绩，让我们深受感动，也倍加鼓舞：

广州云翔化妆品公司在学习“日经营”系统后，对五项管理集团充满感激之情：“感谢五项管理的服务让我们短短两三年，就从 800 万做到 6000 万！”

同样，正大集团的高管团队在企业运用“日经营”系统后，三个月内产量同比增长 30%，在整个行业销售率下降的情况下，业绩也实现了 15% 的增长。

……

类似的案例不胜枚举！

看到这些企业通过学习“日经营”系统取得的进步，我们感到十分欣慰。同时，也让我们进一步坚信，企业经营管理其实并没有什么绝招，就是要坚持运用囊括了数字思维、两会一本和主营业务导入三大部分的“日经营”系统，以每日五项管理为具体落地方法，抓好每人每天的最大价值，真正做到每日一转，转出利润。

在服务企业的过程中，我们越来越清醒地意识到，我们肩负着帮助企业家效率提升、利润倍增的使命。近 7 年以来，我们不断精进，以品质第一的精神，不断完善和精心打磨“日经营”系统，希望能帮助更多的中国企业走出增长瓶颈，通过更落地、更实效的学习，实现企业的高速增长！

借由本书出版之际，在此我要感谢本书研发团队的辛苦付出，他们分别是：李仙女士、卢霞女士、黄峻菠、刘珊珊、好书互联全体同仁以及电子工业出版社的刘露明主编。感谢他们为本书的顺利出版所贡献的辛劳和智慧！

《日经营》一书，是我们帮助广大中小企业提升效率、持续盈利的努力证明。在前进道路上，我们也存在不足之处，希望有更多企业家能对本书提出良性建议，并与我们一道，为推动中国中小企业的利润增长不断奋斗！

关于五项管理

五项管理公司简介

五项管理集团是一家为企业提供“倍增解决方案”的公司，我们围绕“转型升级”和“组织效率”，通过系统培训、咨询、辅导、孵化服务等形式帮助企业家创新组织系统与商业模式，实现组织转型升级与管理效率提升；结合工具，技术创新，落地服务最终推动企业实现倍增，成为具备全球核心竞争力的组织。

我们秉承实战、实效、实用的原则，说自己所做，做自己所说，旗下所有的课程均来自于董事长李践先生和团队 30 年的创新体验与经营实践，并经 12 年来累计服务超过 14 万企业与组织的运用实践。

迄今为止，我们获得自有知识产权 318 项，是行业内首家获得“国家高新技术企业”及“国家级创新基金”、“国家创新金钥匙奖”的企业。

2013，与国家人力资源与社会保障局合作，推动中国首个管理团队和金牌员工的效率资质认证——“效率教练”。这是中国第一个管理成果的评估资质。

2014，开始转型实践，开创转型升级系统课程。

国际与硅谷最大孵化器平台、旧金山市政府、旧金山大学、斯坦福大学合作，国内与众多知名资本机构，技术服务商，投资人与创业孵化平台战略合作，构建与打造了从企业家教育到资本，商业模式，技术服务，组织辅导全生态服务。

2015，集团母公司行动教育挂牌资本市场，成为管理教育国内第一股（831891）。

现在与未来，五项管理人立志推动企业实现转型升级、组织持续增长，打造全球领先创业与创新平台生态，实现民族富强与复兴！

如果你想把本书学习的内容快速转化成为你的能力，请走进王洋老师效率模式训练课堂 ➡

效率模式

推动企业 50% 增长的转速系统

当今企业面对的挑战

上班≠工作 工作≠创造财富

中国企业缺的不是时间而是效率

一切管理都是效率管理，没有效率就没有盈利

高效企业是印钞机，低效企业是血泪工厂

企业家最大的悲哀是：每天花钱是必然的，赚钱是偶然的

“效率模式”来自实效企业家李践先生和他的团队 28 年企业实践，5 大系统、39 大工具、61 种方法、147 个管理动作，一米宽、一千米深的效率管理系统！

课程提纲

第一模块：效率与增长

中国企业的效率之痛

效率和增长

自测企业效率现状

提升效率的路径

第二模块：心态修炼

如何让员工自动自发地工作

如何经营团队业绩倍增的氛围

如何打造充满正能量的团队

如何“心、脑、脚”提升效率

第三模块：目标系统

如何围绕 50% 增长搭建目标系统

如何让员工愿意挑战高目标

如何把 50% 增长目标落实到各部门

绩效管理：沟通、辅导、考核、激励

如何明确“权责利”，聚合人心向前冲

第四模块：时间魔方

如何在 8 小时内做对事情

如何判断核心事项

如何管理核心员工、核心客户

如何规避时间管理误区

如何克服拖延的坏习惯

第五模块：持续发展

如何建立“制度 + 人才”的培养机制

如何打造学习组织化的高效团队

如何掌握分享艺术

如何培养员工自我解决问题的能力

如何让员工在最短的时间内成为业务高手

第六模块：知行合一

如何通过 6 大步骤激发员工的行动力

如何设立“电网”制度

如何管理 80 后、90 后员工的行动

如何有效开会

如何推动学习落地

如果你想让团队养成高效习惯，具备效率DNA，请导入日经营系统，让日经营成为惯性 ➡

效率落地服务包

让日经营成为惯性

当今企业面对的挑战

业绩时好时坏，增长难持续

内部缺乏人才梯队与培养机制

缺乏达标与数字推动系统

管理层遇到问题，不会解决问题

管理缺乏数字与标准，经验主义

课程收益

建立目标与预算为导向的管理机制

训练管理层解决问题，具备推动数字的能力

训练管理层“搞定人（员工和客户）”的能力

打造推动目标增长的环境圈

课程内容

第一模块：财务绩效

50% 增长的预算制定

预算和财务报表、日常管理统一

财务报表与管控体系的完善

分配与绩效机制的测算、制定与优化

第二模块：落地训练

50% 增长全员共识，目标到人、到天

形成全员达标路径，动作与手册

建立 50% 增长目标天、周、月、年管理系统

协助建立目标落地推动“督委会”

推动效率环境圈打造

第三模块：目标推动

围绕目标与数字出版进行达标总计与分析

标杆达标路径动作拆解与辅导

感动客户的“行为模式”训练

分析与解决问题的能力训练

50% 增长推动实际操作与辅导

第四模块：落地持续

围绕上月目标与数字达标总结与绩效推动

围绕标杆规律与达标惯性进行辅导训练

建立持续达标：判断、路径、训练与推动体系

月度目标达成关键路径与判断力训练

达标与推动训练

如果你想让每个管理者都成为效率教练，把日经营的标准落到每个员工 ➡

效率教练

企业高效人财复制系统

当今企业面对的挑战

机会来了无人可用　　业务发展的速度快于组织发展的速度

人材 ≠ 人财，人多了，利润少了　没有复制力，难于赚空间的钱

课程收益

主管成为效率教练

企业具备批量复制人财的能力

组织效率提升，业绩持续增长

课程内容

第一模块：效率是管理的终极追求

管理就是管增长　增长的根本是方向和效率　人是效率的根本

第二模块：管理者成为效率教练是发展之道

管理者首先成为高效人士　管理者其次成为教练

推动团队实现目标　激发培养金牌员工　成为效率教练的模型

第三模块：效率教练四大核心能力

判断力——找出影响员工拿到金牌的大问题

启发力——锻炼员工有信心自己解决问题

推动力——释放员工潜能达成更高目标

复制力——批量生产高效人财

第四模块：效率教练五大行动实施步骤

1、建立信任关系　2、明确目标　3、达标路线图　4、成果落地　5、跟进、检查

第五模块：让企业成为人财工厂

让人“材”到人“财”

打造人财复制系统

好书互联

企业实效管理系列图书

封面	书名	内容简介	扫码购买
	《以负开始》	“互联网+”时代，传统行业必须重构“杀手级”商业模式，在负环境下动力再启。本书是李践与1220位企业家“互联网+平台”战略实践的总结，帮助传统企业找到转型升级的路径！	
	《效率改变中国》	本书揭示了“效率”秘密——“效率两翼图”，让企业找到突破增长瓶颈的路径，全书十大原创观点和七大思维模型，为企业导入效率DNA，建立效率系统。	
	《傻认真》	认真的极致是执着，执着的极致是成功。“傻认真”不仅是一种职业精神、一种品质，更是一个伟大企业的基因。	
	《效率教练》	在互联网经济时代，效率成为制约成败的关键因素。管理者需要掌握教练技术，成为效率教练。本书包含了五项管理效率系统的实践方法，为企业培育高水准的效率教练。	
	《高绩效人士的五项管理》	图文并茂，通俗易懂，教你如何会做人、做对事，是职场人士的基本能力书。	
	《28天绩效能力倍增》	本书是五项管理的实践手册，以随书教练的方式，用最简洁的语言，最轻松的图文，带领你度过不一样的28天，让你具备成功人士的基本能力。	
	《招才选将》	企业成功的第一步是选对人，选对人才能出成果。选什么样的人、如何选人是企业老板和人力资源部门面对的首要问题。	
	《砍掉成本》白金版	用战士的语言讲述战斗，简单直接、句句实用，增加利润从降低成本开始。	

好书互联

封面	书名	内容简介	扫码购买
	**《定价定天下》升级版**	高成本时代，谁掌握定价策略，谁将获得最大利润！	
	**《决不拖延》**	有趣的故事、平实的语言，发人深省，一看便懂，帮助读者解决现实中拖延、低效的病症。	
	**《管理越简单越有效》**	图文并茂，为企业和管理者们提供了一系列化繁为简的方法和工具，教你如何理解简单、做到简单。	

企业实效管理系列教材

封面	书名	内容简介	扫码购买
	**《高效人士五项管理行动日志》**	本教材用生动简单的语言，教会我们使用管理工具，高效行动。什么是五项管理？如何使用《行动日志》？怎样让我们改变思维、行为，养成高效的习惯？李践——为你讲解。	
	**《中国好员工》**	员工效率的提升，才是企业高增长的有力保障。本教材集“听说做”三位一体，现场视频学习+现场分享+课后考试，当场看到员工培训效果，帮助企业建立完善的学习培训系统！	
	**《互联网时代商业模式创新》**	互联网浪潮扑面而来，传统企业应该如何重新选择战略定位？如何重新进行资本设计？如何重新构建商业模式？如何重新进行组织创新？本教材指出了一系列切实可行的方法和路径！	
	**《提升品质》**	“品质”是企业的生命线，重视品质、提升品质是强企之本、强国之根。李践通过多年企业实践，总结出15个提升品质的具体方法，一听就明白，一用就见效！	
	**《中国好主管》**	本教材是李践老师培养核心高管的内部教材，从数字思维、带团队和做决策三个角度，全面提升主管的管理能力，实战、高效！	

反侵权盗版声明

举报电话：（010）88254396；（010）88258888
传　　真：（010）88254397
E-mail:　　dbqq@phei.com.cn
通信地址：北京市万寿路 173 信箱
　　　　　电子工业出版社总编办公室
邮　　编：100036